JN493789

Front | Dancheong of Sinmumun Gate in Gyeongbokgung Palace

Traditional decorative art for painting various patterns or drawings on buildings using five colors as a basis.

© Cultural Heritage Administration, Royal Palaces and Tombs Center

세종 한국어

Sejong Korean

ENGLISH EDITION

2A

Ministry of Culture, Sports and Tourism
National Institute of Korean Language

Published by Kong & Park, Inc.
85, Gwangnaru-ro 56-gil, Gwangjin-gu, Seoul, 05116 Rep. of Korea
info@kongnpark.com

Simultaneously published in the USA by Kong & Park USA, Inc.
1440 Renaissance Drive, Suite 430, Park Ridge, IL 60068, USA
usaoffice@kongnpark.com

Copyright © 2022 by National Institute of Korean Language

All rights reserved. No part of this publication may be used in any form or by any means without the prior permission of the National Institute of Korean Language. Anyone can access to the e-book of this publication at the Center for Teaching and Learning Korean(kcenter.korean.go.kr) free of charge.

1st Published September 1, 2022
3rd Printing February 21, 2025
Printed in Korea

ISBN 978-1-63519-045-8 (52395)
ISBN 978-1-63519-051-9 (set)

Library of Congress Control Number: 2022944389

Originally published as *Sejong Hangugeo* (세종한국어)
© 2022 National Institute of Korean Language

Foreword

Due to the growing scale of the Hallyu (Korean wave) content, the Hallyu culture (Korean culture) is spreading worldwide. As a result, the eagerness to learn Korean is surprisingly increasing. The number of test-takers for the Korean Language Proficiency Test reached over 300,000 in 2021 despite a worldwide slump due to COVID-19. King Sejong Institutes, affiliated with the Ministry of Culture, Sports, and Tourism, have increased in number from 13 in 2007 to 244 in 84 countries in 2022. To support the continuous spread of the Korean Wave, Korean language education should be provided in well-organized ways.

The Ministry of Culture, Sports, and Tourism and the National Institute of Korean Language decided to revise *Sejong Korean*, first published in 2011, to strengthen the groundwork of Korean language education, which grows along with Hallyu content. For the revising work of the textbook, the primary research started in 2019, and after three years of work, the new *Sejong Korean* was finally published. Then we announced it with the King Sejong Institute Foundation in 2022.

The newly revised *Sejong Korean* has the following features. First, it focuses on foreign learners eager to learn Korean at King Sejong Institutes around the world. Second, it has been developed as an instructional material that can be used flexibly according to the learning environment in each King Sejong Institute worldwide. Third, the foreigner's interest in Hallyu content is reflected in the textbook's content to reduce the learner's burden of learning Korean. Lastly, it plays a pivotal role as a standard textbook representing the King Sejong Institute and provides a foothold for the next step of Korean language learning.

The King Sejong Institute is Korea's representative overseas institution for Korean language education. It connects Korea and the world through the Korean language and culture. The National Institute of Korean Language and the Ministry of Culture, Sports, and Tourism will continue cooperating with the King Sejong Institute Foundation by providing continuous efforts and support so that Korean language lovers worldwide can achieve their dreams.

Lastly, I would like to sincerely thank the research and writing staff as well as publishers for their best efforts in developing the textbook. With the new start of *Sejong Korean*, I would appreciate your warm interest so that the Ministry of Culture, Sports, and Tourism, the National Institute of Korean Language, and the King Sejong Institute Foundation can expand their reach throughout the world.

August 2022
Chang Sowon
Director, National Institute of Korean Language

Preface

The King Sejong Institute is an organization that connects Korea and the world by spreading the Korean language and culture worldwide. This book aims to enable learners to improve their communication skills in Korean by motivating their interest in learning the Korean language based on cross-cultural communication. To this end, the current situations in Korea have been reflected in the content of this book, and a new format and design are applied to introduce the latest teaching methods. We tried to present a new direction for overseas Korean language education. The features of this book are as follows.

First, there are two kinds of books, such as a 'student book' and an 'extension activity book,' so that instructors can use both of them flexibly in Type 가, Type 나, or Type 다, which is part of the standard curriculum of the King Sejong Institute. The 'student book' contains the core content required for each level, and the 'extension activity book' provides a variety of communication activities that require in-depth expansion of language knowledge. This flexibility allows learners to select the right book for their learning environment.

Second, the units are composed in different formats according to levels for effective teaching and learning. Also, this book applies the teaching as well as learning content and procedures relevant to the language development stage. In particular, various illustrations and visual materials motivate a learner's interest in learning Korean.

Third, we present vivid Korean cultural content throughout the book so learners can understand Korean culture from a cross-cultural point of view. As a result, learners can develop the right attitude towards their and Korean cultures.

Fourth, we provide workbooks, teacher's guides, vocabulary and grammar books, and class PPTs along with textbooks so instructors and learners can use them for their needs.

I would like to thank the National Institute of Korean Language for joining the entire production of this book from planning to the end. I would also like to thank the King Sejong Institute Foundation for its cooperation and support with local institutes worldwide. Also, I appreciate Kong & Park Publishing Company for designing this book for learners to learn Korean in a fun way. Lastly, I would like to thank the researchers who contributed all their efforts to this book with their love for Korean language education for almost three years.

August 2022

Lead Author Lee Jung Hee

Professor, Institute of International Education Kyung Hee University

Contents

Scope and Sequence

Unit	Topic	Title	Function	
1	Meeting New People	I work as a program developer	Explaining	
2		I go hiking or go to sports events	Introducing	
3	My Daily Life	I have a work meeting every morning	Suggesting	
4		I'm going to wear jeans and a T-shirt	Giving advice	
5	My Living Space	The living room window is big so it offers a good view	Introducing	
6		I listen to music while drinking coffee	Introducing	
7	Healthy Life	When I'm stressed out, my chest feels stuffy	Explaining	
8		If you have trouble sleeping, try light exercise	Suggesting	
9	My Favorite Things	Why don't we eat kalguksu?	Ordering	
10		What about those black shoes?	Expressing preferences, Buying things	
11	Fun Trip	Have you ever traveled to South Korea?	Asking for advice	
12		I made a stamp at a museum	Suggesting	

Vocabulary and Expressions	Grammar		Pronunciation	Activity
Job	(이)라고 하다	-는 (Present tense of verbs)	ㄴ addition	Talking about jobs Writing an introduction about the King Sejong Institute
Leisure activities	-거나, (이)나	-(으)ㄹ까요? (Supposition)		Talking about leisure activities Writing a notice about looking for friends with similar interests
Daily routine	마다	-(으)ㄹ 때	Lax consonants, Fortis, Aspirated consonants	Making appointments Writing a text message for making an appointment
Outfit	-기로 하다	에다가		Talking about outfits Writing about outfits for special occasions
House	-기가 좋다	-지 않다, -지 못하다	Double final consonants ㄺ	Talking about where you live Writing an introduction about your house
Places and objects	-(으)면서 (Simultaneity)	-지요?		Talking about places you often visit Writing about places you like
Stress symptoms	-(으)면	ㅅ irregular conjugation	Simplification of diphthong	Talking about stress symptoms Writing about stress
Lifestyle habits	-는데/(으)ㄴ데	-아/어 보다 (Attempt)		Suggesting healthy lifestyle habits Writing about habits you would like to change and how to change them
Food and order	-는/(으)ㄴ/(으)ㄹ 것 같다	-는 게 어때요?	Tensification	Talking about dishes you would like to eat Writing about dishes you eat everyday
Colors and shapes	ㅎ irregular conjugation	-(으)면 좋겠다		Talking about things you would like to buy Writing about things you often buy
Travel preparations	-(으)ㄴ 적이 있다	동안	Nasalization	Talking about travel plans Organizing trips
Travel experiences	-아/어 보다 (Experience)	-(으)ㄴ (Past tense of verbs)		Talking about travel experiences Writing about travel experiences

How to Use This Book

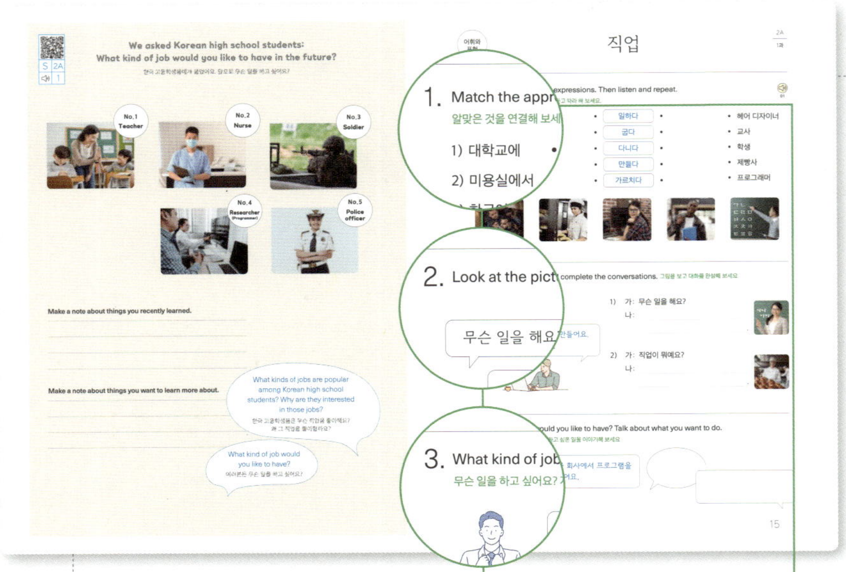

Vocabulary and Expression

"Vocabulary and Expression" presents basic vocabulary and phrases related to the unit's topic, focusing on language use. This section is designed to provide a variety of exercises according to difficulty levels for a step-by-step learning environment. This section also helps learners internalize what they learn through basic vocabulary and phrases, repetitive drills, meaningful practices, and other activities.

Introduction

"Introduction" presents situations and introduces Korean cultural content related to the unit's topic. This section helps learners familiarize themselves with the unit's content with fun and ease by triggering their background knowledge.

No. 1 enables learners to understand vocabulary meanings through illustrations or simple activities. No. 2 and No. 3 provide additional exercises for the expressions and offer an opportunity for learners to express themselves.

Grammar 1

Grammar 2

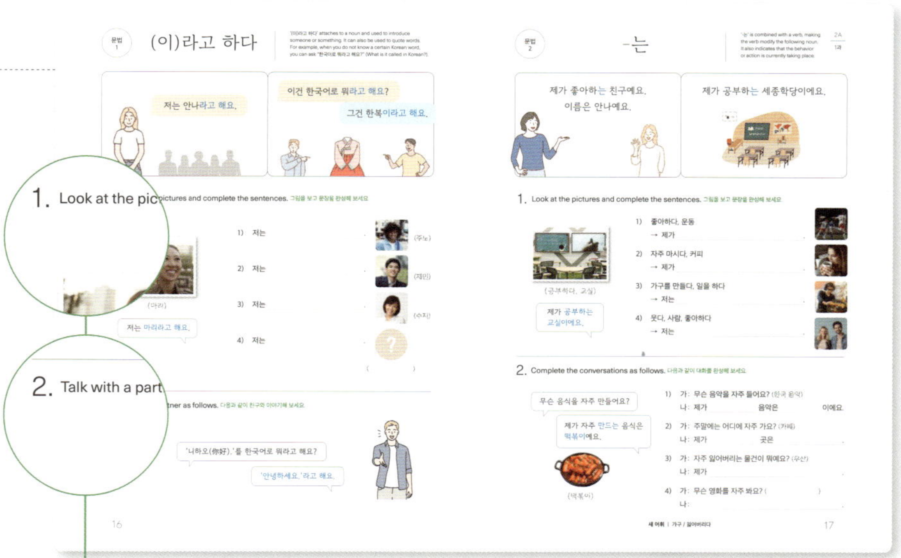

"Grammar 1" and "Grammar 2" present two essential grammar concepts considering their necessity and importance in the unit. The description of each grammar concept is shown at the top of the page.

- No. 1 helps learners master grammar concepts through controlled and simple exercises.
- No. 2 helps learners reinforce the grammar concepts through speaking activities with their partners or group activities using their knowledge or experiences.

Activity 1

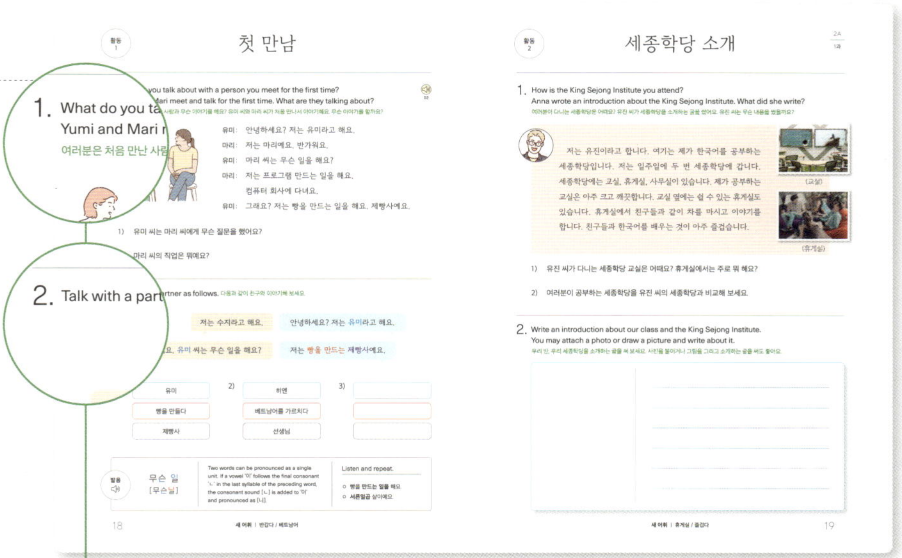

"Activity 1" focuses on listening and speaking activities based on the conversation.

In Level 2, every odd-numbered unit presents-target words or phrases with actual pronunciations and explanations about how to pronounce them. Therefore learners can understand the pronunciation rules and develop good pronunciation habits.

- No. 1 presents sample dialogues with the topic of the unit. Before each dialogue, the question used in the directions motivates learners to predict what the dialogue will be about. After the dialogue, there are comprehension questions to check whether learners understood the dialogue.
- No. 2 organizes the contents of sample dialogues into systematic charts for learners to become familiar with the expressions by practicing through the substitution of vocabulary. As the last step of this substitution exercise, learners can express themselves in similar situations by creating dialogues using their knowledge or experiences.

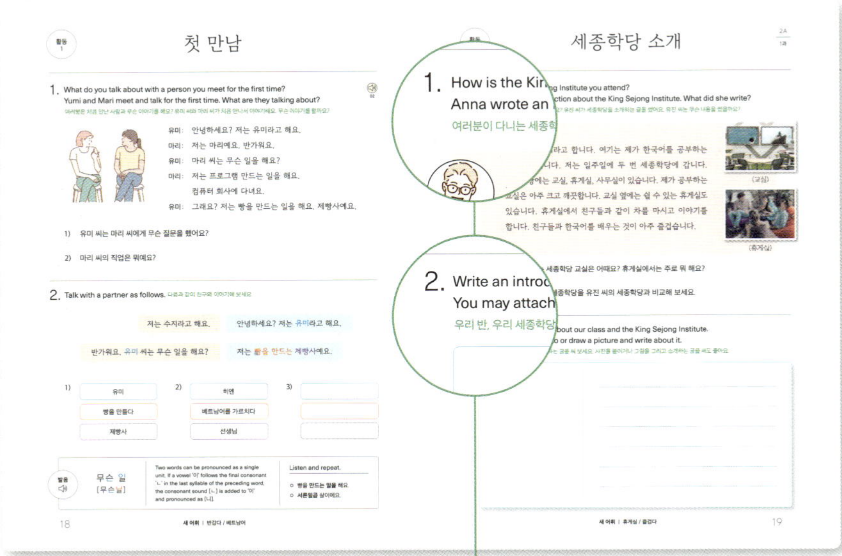

Activity 2

Activity 2 focuses on reading and writing practices.

No. 1 presents opening questions related to the topic as a pre-reading activity and offers comprehension checkup questions.

No. 2 offers a writing activity related to the topic of the reading passage in No. 1 Learners can practice their writing skills by using the text in No. 1 as an example.

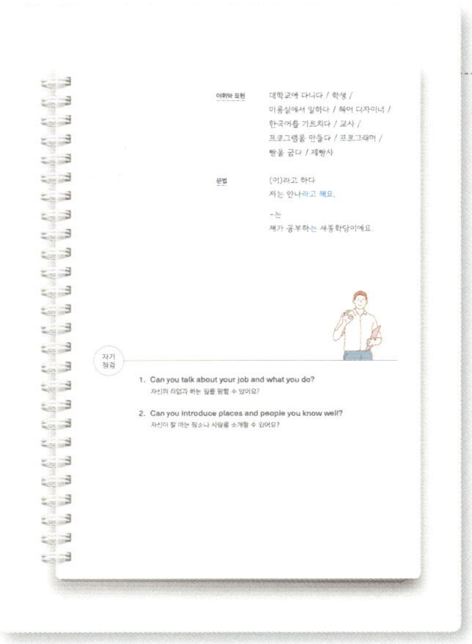

Wrap Up

Self-Check

“Wrap Up” summarizes vocabulary, expressions, and grammar concepts covered in the unit. This section presents key sentences including target grammar concepts, so learners can reinforce their understanding and put it into practice.

“Self-Check” presents questions to check the learners’ understanding of the topic and whether they can put it into practice. By answering those questions learners can check whether they achieved the unit’s learning objectives.

Characters

Mari
마리

Mari is an office worker. She works for the same company as Jaemin. She likes hiking and listening to K-POP.

Sujie
수지

Sujie is a university student. She is currently studying abroad. She likes taking pictures.

Anna
안나

Anna is a university student. She likes Korean dramas and K-POP. She has a cheerful and outgoing personality.

Eugene
유진

Eugene is a university student. He enjoys watching movies, playing tennis, and doing other activities.

Juno
주노

Juno is an office worker. He studied in Korea. He enjoys reading and traveling.

Jaemin
재민

Jaemin is an office worker. He works for an overseas company. He enjoys taking walks and camping.

I work as a program developer

저는 프로그램 만드는 일을 해요

Let's talk about our jobs.

자신이 하는 일을 소개할 수 있어요.

S 2A
1

We asked Korean high school students:
What kind of job would you like to have in the future?

한국 고등학생들에게 물었어요. 앞으로 무슨 일을 하고 싶어요?

No.1
Teacher

No.2
Nurse

No.3
Soldier

No.4
Researcher
(Programmer)

No.5
Police officer

Make a note about things you recently learned.

Make a note about things you want to learn more about.

What kinds of jobs are popular among Korean high school students? Why are they interested in those jobs?

한국 고등학생들은 무슨 직업을 좋아해요?
왜 그 직업을 좋아할까요?

What kind of job would you like to have?

여러분은 무슨 일을 하고 싶어요?

직업

1. Match the appropriate expressions. Then listen and repeat.

알맞은 것을 연결해 보세요. 그리고 듣고 따라 해 보세요.

01

1) 대학교에	일하다	헤어 디자이너
2) 미용실에서	굽다	교사
3) 한국어를	다니다	학생
4) 프로그램을	만들다	제빵사
5) 빵을	가르치다	프로그래머

2. Look at the pictures and complete the conversations. 그림을 보고 대화를 완성해 보세요.

무슨 일을 해요?

저는 프로그램을 만들어요.
프로그래머예요.

1) 가: 무슨 일을 해요?
나: ....

2) 가: 직업이 뭐예요?
나: ....

3. What kind of job would you like to have? Talk about what you want to do.

무슨 일을 하고 싶어요? 자신이 하고 싶은 일을 이야기해 보세요.

저는 한국 회사에서 프로그램을 만들고 싶어요.

문법 1 (이)라고 하다

'(이)라고 하다' attaches to a noun and used to introduce someone or something. It can also be used to quote words. For example, when you do not know a certain Korean word, you can ask "한국어로 뭐라고 해요?" (What is it called in Korean?).

1. Look at the pictures and complete the sentences. 그림을 보고 문장을 완성해 보세요.

(마리)

저는 마리라고 해요.

1) 저는 ______________.

(주노)

2) 저는 ______________.

(재민)

3) 저는 ______________.

(수지)

4) 저는 ______________.

(______________)

2. Talk with a partner as follows. 다음과 같이 친구와 이야기해 보세요.

'니하오(你好).'를 한국어로 뭐라고 해요?

'안녕하세요.'라고 해요.

문법 2

-는

'-는' is combined with a verb, making the verb modify the following noun. It also indicates that the behavior or action is currently taking place.

제가 좋아하는 친구예요.
이름은 안나예요.

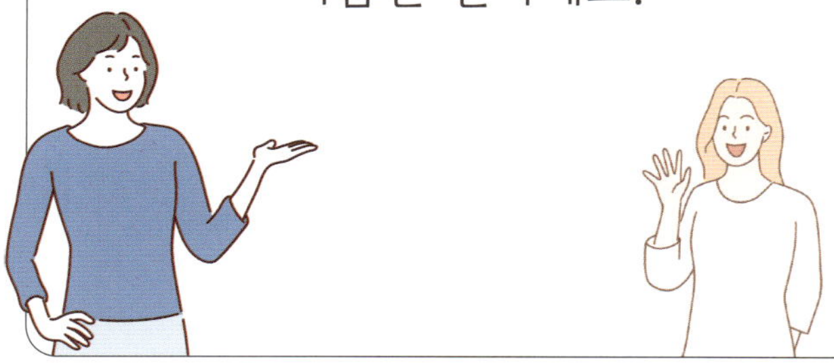

제가 공부하는 세종학당이에요.

1. Look at the pictures and complete the sentences. 그림을 보고 문장을 완성해 보세요.

(공부하다, 교실)

제가 공부하는 교실이에요.

1) 좋아하다, 운동
→ 제가 ______________________.

2) 자주 마시다, 커피
→ 제가 ______________________.

3) 가구를 만들다, 일을 하다
→ 저는 ______________________.

4) 웃다, 사람, 좋아하다
→ 저는 ______________________.

2. Complete the conversations as follows. 다음과 같이 대화를 완성해 보세요.

무슨 음식을 자주 만들어요?

제가 자주 만드는 음식은 떡볶이예요.

(떡볶이)

1) 가: 무슨 음악을 자주 들어요? (한국 음악)
나: 제가 __________ 음악은 __________ 이에요.

2) 가: 주말에는 어디에 자주 가요? (카페)
나: 제가 __________ 곳은 __________.

3) 가: 자주 잃어버리는 물건이 뭐예요? (우산)
나: 제가 ______________________.

4) 가: 무슨 영화를 자주 봐요? (   )
나: ______________________.

활동 1

첫 만남

1. What do you talk about with a person you meet for the first time? Yumi and Mari meet and talk for the first time. What are they talking about?

02

여러분은 처음 만난 사람과 무슨 이야기를 해요? 유미 씨와 마리 씨가 처음 만나서 이야기해요. 무슨 이야기를 할까요?

유미: 안녕하세요? 저는 유미라고 해요.

마리: 저는 마리예요. 반가워요.

유미: 마리 씨는 무슨 일을 해요?

마리: 저는 프로그램 만드는 일을 해요.
컴퓨터 회사에 다녀요.

유미: 그래요? 저는 빵을 만드는 일을 해요. 제빵사예요.

1) 유미 씨는 마리 씨에게 무슨 질문을 했어요?

2) 마리 씨의 직업은 뭐예요?

2. Talk with a partner as follows. 다음과 같이 친구와 이야기해 보세요.

안녕하세요? 저는 유미라고 해요.

저는 수지라고 해요.

반가워요. 유미 씨는 무슨 일을 해요?

저는 빵을 만드는 제빵사예요.

1)	2)	3)
유미	히엔	
빵을 만들다	베트남어를 가르치다	
제빵사	선생님	

발음

무슨 일
[무슨닐]

Two words can be pronounced as a single unit. If a vowel '이' follows the final consonant 'ㄴ' in the last syllable of the preceding word, the consonant sound [ㄴ] is added to '이' and pronounced as [니].

Listen and repeat.

- 빵을 **만드는 일을** 해요.
- **서른일곱** 살이에요.

새 어휘 | 반갑다 / 베트남어

세종학당 소개

1. How is the King Sejong Institute you attend?
Anna wrote an introduction about the King Sejong Institute. What did she write?
여러분이 다니는 세종학당은 어때요? 유진 씨가 세종학당을 소개하는 글을 썼어요. 유진 씨는 무슨 내용을 썼을까요?

저는 유진이라고 합니다. 여기는 제가 한국어를 공부하는 세종학당입니다. 저는 일주일에 두 번 세종학당에 갑니다. 세종학당에는 교실, 휴게실, 사무실이 있습니다. 제가 공부하는 교실은 아주 크고 깨끗합니다. 교실 옆에는 쉴 수 있는 휴게실도 있습니다. 휴게실에서 친구들과 같이 차를 마시고 이야기를 합니다. 친구들과 한국어를 배우는 것이 아주 즐겁습니다.

(교실)

(휴게실)

1) 유진 씨가 다니는 세종학당 교실은 어때요? 휴게실에서는 주로 뭐 해요?

2) 여러분이 공부하는 세종학당을 유진 씨의 세종학당과 비교해 보세요.

2. Write an introduction about our class and the King Sejong Institute.
You may attach a photo or draw a picture and write about it.
우리 반, 우리 세종학당을 소개하는 글을 써 보세요. 사진을 붙이거나 그림을 그리고 소개하는 글을 써도 좋아요.

새 어휘 | 휴게실 / 즐겁다

어휘와 표현

대학교에 다니다 / 학생 /
미용실에서 일하다 / 헤어 디자이너 /
한국어를 가르치다 / 교사 /
프로그램을 만들다 / 프로그래머 /
빵을 굽다 / 제빵사

문법

(이)라고 하다
저는 안나**라고 해요**.

-는
제가 공부하**는** 세종학당이에요.

자기 점검

1. **Can you talk about your job and what you do?**
   자신의 직업과 하는 일을 말할 수 있어요?

2. **Can you introduce places and people you know well?**
   자신이 잘 아는 장소나 사람을 소개할 수 있어요?

I go hiking or go to sports events

등산을 하거나 운동 모임에 가요

Let's talk about the leisure activities you enjoy.

자주 하는 여가 활동을 소개할 수 있어요.

S 2A

2

Leisure Time Spent by Koreans

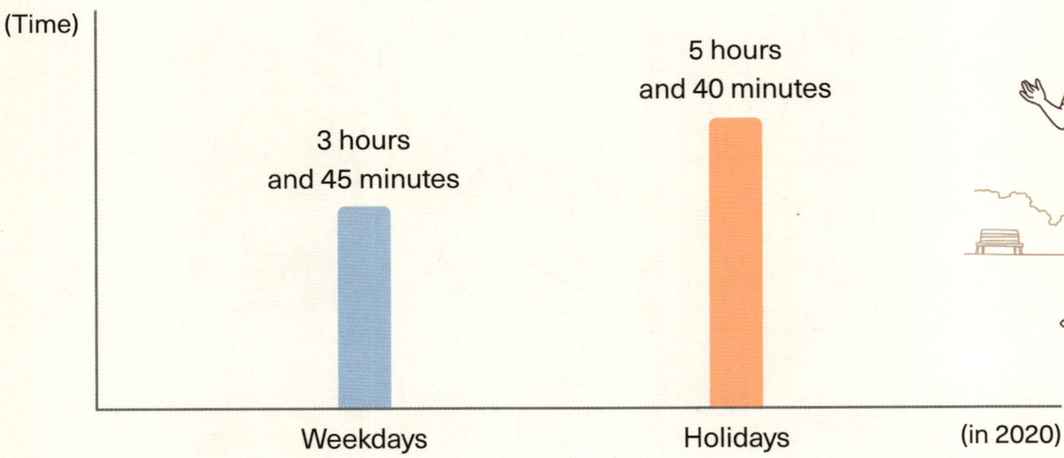

How much leisure time
do Korean workers or students have on weekdays?
How much leisure time do they have
on holidays?

한국 사람들은 학교나 회사에 가는 날에 얼마나 쉬어요?
휴일에는 얼마나 쉬어요?

How much leisure time
do you usually have on weekdays?
How much leisure time do you have when you
aren't going to school or work?

여러분은 보통 평일에 얼마나 쉬어요?
학교나 회사에 안 가는 날에는 얼마나 쉬어요?

여가 활동

1. What do you do when you have free time? Check (√) all the activities you do.
시간이 있으면 뭐 해요? 여러분이 하는 것에 모두 √ 표시를 해 보세요.

☐ 음식을 만들다

☐ 악기를 연주하다

☐ 소설을 읽다

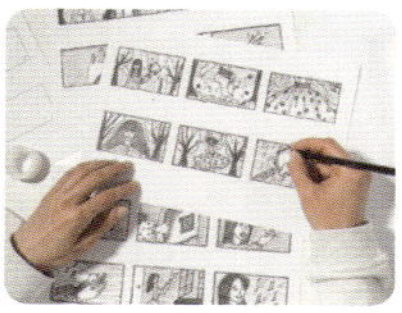
☐ 만화를 그리다

☐ 배드민턴을 치다

☐ 풍경 사진을 찍다

☐ 운동 모임에 가다

☐ 스포츠 경기를 보다

?
☐ ....

2. Talk with a partner as follows.
다음과 같이 친구와 이야기해 보세요.

(음식을 만들다)

(화장실 청소를 하다)

주말에 뭐 해요?

음식을 만들어요. 화장실 청소도 해요.

1) .... 씨는 주말에 뭐 해요?

2) ....

3) ....

3. Listen to the conversation and write as follows. 대화를 듣고 다음과 같이 써 보세요. 01

주말에 뭐 하는 것을 좋아해요?

배드민턴 치는 것하고 자전거 타는 것을 좋아해요.

가: 주말에 뭐 하는 것을 좋아해요?

나: .... 하고 ....

.... 을 좋아해요.

문법 1

-거나, (이)나

'-거나' is combined with a verb or an adjective and '(이)나' is combined with a noun. They indicate that one can be chosen between the preceding verb / adjective / noun and the following one.

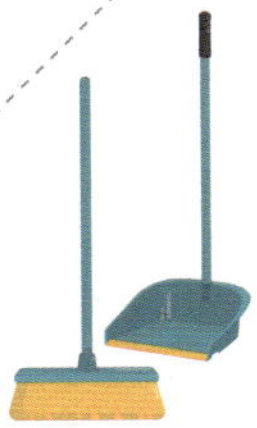

가: 휴일에 뭐 해요?

나: 음식을 만들거나 청소를 해요.

가: 보통 무슨 음식을 만들어요?

나: 삼계탕이나 불고기를 만들어요.

1. Complete the sentences as follows. 다음과 같이 문장을 완성해 보세요.

텔레비전을 보거나 소설을 읽어요. (보다)

돈가스나 카레를 만들어요.

1) 소설을 ______________ 악기를 연주해요. (읽다)

2) 배드민턴을 ______________ 스포츠 경기를 봐요. (치다)

3) 우유 __________ 물을 마셔요.

4) 게임 __________ 운동을 해요.

2. Complete the conversations as follows. 다음과 같이 대화를 완성해 보세요.

휴일에 뭐 해요?

드라마를 보거나 게임을 해요.

(보다)

1) 가: 주말에 뭐 해요?
   나: ______________________________.

2) 가: 공원에서 뭐 해요?
   나: ______________________________.

3) 가: 매일 아침에 뭐 먹어요?
   나: ______________________________.

4) 가: 매일 몇 시쯤 자요?
   나: ______________________________.

새 어휘 | 휴일 / 돈가스 / 카레

문법 2

-(으)ㄹ까요?

'-(으)ㄹ까요?' is combined with a verb or an adjective and used when the speaker supposes and asks about a situation that has not yet happened or is uncertain.

내일 같이 등산 가요.

좋아요. 그런데 내일도 날씨가 맑을까요?

1. Complete the conversations as follows. 다음과 같이 대화를 완성해 보세요.

주말에 같이 영화 봐요.

좋아요. 그런데 무슨 영화가 재미있을까요?

(재미있다)

1) 가: 우리 같이 태권도를 배워요.
나: 좋아요. 그런데 ________________? (안 어렵다)

2) 가: 주말에 같이 운동 모임에 가요.
나: 좋아요. 무엇을 ________________? (준비해야 되다)

3) 가: 주말에 같이 자전거 탈까요?
나: 좋아요. 그런데 저도 ________________? (잘 탈 수 있다)

2. Look at the pictures and complete the conversations. 그림을 보고 대화를 완성해 보세요.

내일 날씨가 추울까요?

(춥다)

네. 내일 날씨가 추울 거예요. 일기 예보에서 봤어요.

1) 
가: 이 책이 ________________? (재미있다)
나: 네. ________________.

2) 
가: 마리 씨가 지금 전화를 ________________? (받다)
나: 아니요. ________________
________________.

3) 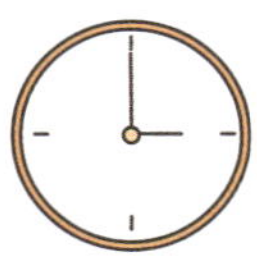
가: 미나 씨가 점심을 ________________? (먹었다)
나: 글쎄요. ________________.

새 어휘 | 일기 예보 / 글쎄요

활동 1

휴일에 하는 일

1. What do you usually do on holidays?
Jaemin and Mari are talking about what they do on holidays. What do they say?

여러분은 휴일에 보통 뭐 해요? 재민 씨와 마리 씨가 휴일에 하는 일에 대해 이야기해요. 무슨 이야기를 할까요?

02

재민: 마리 씨는 휴일에 뭐 해요?

마리: 등산을 하거나 운동 모임에 가요.

재민: 아, 휴일에는 보통 운동을 해요?

마리: 네. 이번 주말에도 친구하고 등산을 할 거예요.

재민: 그래요? 이번 주말에는 비가 올 거예요.

마리: 정말요? 토요일에도 비가 올까요?

재민: 네. 오늘 일기 예보에서 들었어요.

1) 마리 씨는 보통 휴일에 뭐 해요?

2) 마리 씨는 이번 주말에 등산을 갈 수 있을까요?

2. Talk with a partner as follows. 다음과 같이 친구와 이야기해 보세요.

유진 씨, 휴일에 뭐 해요?

집에서 드라마를 보거나 만화를 그려요.

아, 휴일에는 보통 집에 있어요?

네. 이번 주말에도 집에서 한국 드라마를 볼 거예요.

	1)	2)	3)
	집에서 드라마를 보다, 만화를 그리다	카페에서 책을 읽다, 친구를 만나다	
	집에 있다	카페에 가다	
	집에서 한국 드라마를 보다	카페에 가서 책을 읽다	

3. What are you going to do this weekend? Talk with a partner.

여러분은 이번 주말에 뭐 할 거예요? 친구와 이야기해 보세요.

활동 2

친구 찾기

1. What kinds of posts are uploaded on your school's social media?
Anna wrote a post on her school's social media. What did she write?
여러분의 학교 에스엔에스(SNS)에는 어떤 글이 있어요? 안나 씨가 학교 에스엔에스(SNS)에 글을 썼어요. 어떤 글을 썼을까요?

ANNA0810

좋아요 45개

ANNA0810 #세종학당 #친구 #취미

친구를 찾아요!
안녕하세요. 저는 안나라고 해요.
세종학당에서 한국어를 공부하고 있어요.
저는 휴일에 보통 한국 드라마를 보거나 한국 음악을 들어요.
그런데 혼자 취미 생활을 하는 것이 좀 심심해요.
저하고 취미가 같은 친구가 있을까요?
같이 드라마나 영화 이야기를 하고 싶어요.
연락 주세요.
annaanna@sjmail.com

1) 안나 씨의 취미가 뭐예요? 안나 씨는 어떤 친구를 찾고 있어요?

2) 여러분의 취미는 뭐예요? 언제 그 일을 해요? 이야기해 보세요.

2. Write a post on your school's social media to find friends who have the same hobby as you.
취미가 같은 친구를 찾는 글을 학교 에스엔에스(SNS)에 써 보세요.

안녕하세요. 저는

새 어휘 | 에스엔에스(SNS) / 심심하다 / 같다

어휘와 표현

음식을 만들다 / 악기를 연주하다 / 소설을 읽다 / 만화를 그리다 / 배드민턴을 치다 / 풍경 사진을 찍다 / 운동 모임에 가다 / 스포츠 경기를 보다

문법

-거나, (이)나

음식을 만들거나 청소를 해요.

-(으)ㄹ까요?

내일도 날씨가 맑을까요?

자기 점검

1. **Can you talk about leisure activities you often do?**
   자주 하는 여가 활동을 소개할 수 있어요?

2. **Can you talk about what you do on holidays?**
   휴일에 하는 일을 말할 수 있어요?

I have a work meeting every morning

요즘 아침마다 회의가 있어요

Let's make appointments in daily life.

일상적인 약속을 할 수 있어요.

S 2A

3

How do students
and office workers spend their time?

학생과 회사원은 어떻게
생활해요?

What do you do every day?
When do you usually do it?

여러분은 매일 무슨 일을 해요?
보통 언제 그 일을 해요?

하루 일과

1. What did you do today? Check (√) what you did. 오늘 뭐 했어요? √ 표시를 해 보세요.

□ 출근하다

□ 회의를 준비하다

□ 이메일을 읽다

□ 퇴근하다

□ 수업을 듣다

□ 시험공부를 하다

□ 동아리 활동을 하다

□ 아르바이트를 하다

□ ....

2. What does Minho do every day? Listen carefully and number the pictures in order.
민호 씨는 매일 어떤 일을 해요? 잘 듣고 일을 하는 순서대로 번호를 써 보세요.

01

1)

학교에 가요.
(　　)

2)

일어나요.
(　　)

3)

수업을 들어요.
(　　)

4)

아르바이트를 해요.
(　　)

5)

집에 가요.
(　　)

3. What do you do every day?
Write about your daily routine.
Then talk with a partner as follows.
여러분은 매일 무엇을 해요? 여러분의 일과를 써 보세요.
그리고 다음과 같이 친구와 이야기해 보세요.

수지 씨는 아침에 일어나서 뭐 해요?

저는 샤워를 하고 아침을 먹어요.

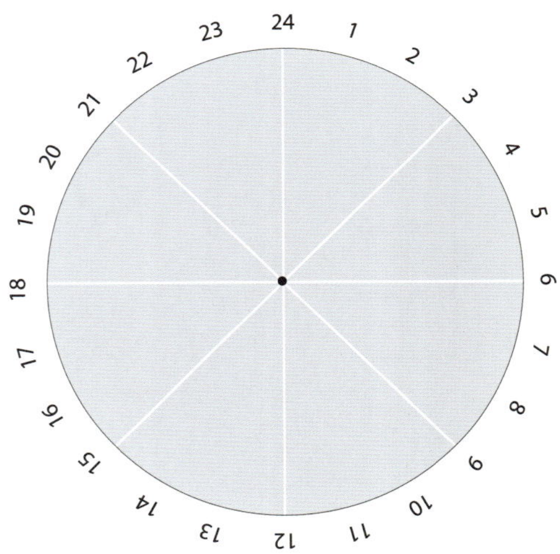

문법 1

마다

'마다' is a postpositional particle attached to a noun, meaning that "all is applicable without exception."

가: 수요일에 뭐 해요?

나: 저는 수요일마다 세종학당에 가요.

일	월	화	수	목	금	토
	1	2	3	4	5	6
	수업		수업			등산
데이트		영화	세종학당	운동		
7	8	9	10	11	12	13
청소	수업		수업	운동		등산
데이트			세종학당	영화		
14	15	16	17	18	19	20
	수업		수업			
데이트		영화	세종학당	운동		등산
21	22	23	24	25	26	27
청소	수업		수업			
데이트			세종학당	운동	영화	등산

1. Look at the calendar above and complete the sentences.

위의 달력을 보고 문장을 완성해 보세요.

저는 목요일마다 운동을 해요.

1) 토요일 .... 등산을 해요.

2) 일요일 .... 를 해요.

3) 월요일하고 수요일 ....

4) 수요일 오후 ....

2. Talk with a partner as follows. 다음과 같이 친구와 이야기해 보세요.

아침마다 무엇을 해요?

커피를 마셔요.

시간

아침, 점심, 저녁,
월요일, 화요일, 수요일…

하는 일

커피를 마시다, 과제를 하다,
아르바이트를 하다, 친구와 이야기하다,
지하철을 타다, 책을 읽다…

문법 2

-(으)ㄹ 때

'-(으)ㄹ 때' is combined with a verb or an adjective, indicating the time of an action or condition.

가: 언제 음악을 들어요?
나: 저는 보통 출퇴근할 때 음악을 들어요.

1. Complete the conversations as follows. 다음과 같이 대화를 완성해 보세요.

언제 정장을 입어요?

저는 보통 회사에 갈 때 정장을 입어요.

(회사에 가다)

1) 가: 언제 운동을 해요?
   나: ________ 마다 운동을 해요. (시간이 있다)

2) 가: 언제 택시를 타요?
   나: 학교에 ________ 택시를 타요. (늦었다)

3) 가: 언제 노래방에 가요?
   나: 친구와 ________ 노래방에 가요. (노래를 하고 싶다)

4) 가: 언제 행복해요?
   나: 맛있는 음식을 ________ 제일 행복해요. (먹다)

2. When do you visit these places? Talk with a partner as follows.

언제 여기에 가요? 다음과 같이 친구와 이야기해 보세요.

언제 백화점에 가요?

옷을 사고 싶을 때 백화점에 가요.

1) 가: 언제 카페에 가요?
   나: ________.

2) 가: 언제 도서관에 가요?
   나: ________.

3) 가: 언제 공원에 가요?
   나: ________.

새 어휘 | 출퇴근하다 / 행복하다

활동 1

저녁 약속

1. When you talk to a friend over the phone, what do you talk about? Jaemin and Juno are making a dinner appointment by phone. What do they say?

02

여러분은 친구와 전화로 무슨 이야기를 해요? 재민 씨와 주노 씨가 전화로 저녁 약속을 해요. 무슨 이야기를 할까요?

재민: 주노 씨, 오늘 같이 저녁 먹어요.

주노: 좋아요. 그런데 저 오늘 일찍 퇴근 못 할 거예요.

재민: 그래요? 언제 퇴근할 수 있어요?

주노: 7시 반쯤요. 요즘 아침마다 회의가 있어요.
그래서 퇴근하기 전에 회의 준비를 끝내야 해요.

재민: 저는 괜찮아요. 퇴근할 때 전화 주세요.

주노: 네. 재민 씨.

1) 주노 씨는 요즘 아침마다 뭐 해요?

2) 주노 씨와 재민 씨는 언제 만날 거예요?

2. Talk with a partner as follows. 다음과 같이 친구와 이야기해 보세요.

안나 씨, 오늘 같이 저녁 먹어요.

좋아요. 몇 시쯤에 어디에서 만날까요?

6시 반쯤에 회사 앞에서 만나요.

네. 그럼 퇴근할 때 전화 주세요.

1)	2)	3)
저녁 먹다	학교에 가다	
몇 시쯤에 어디에서	언제 어디에서	
6시 반쯤에 회사 앞에서	아침 7시쯤에 집 앞에서	
퇴근하다	출발하다	

발음

Pay attention to the pronunciation of 'ㅈ,' 'ㅉ' and 'ㅊ.'
'ㅈ' is pronounced with a soft sound.
'ㅉ' is pronounced with the most stress on the throat.
'ㅊ' is pronounced with a blowing sound.

Listen and repeat.

- 같이 **저녁** 먹어요.
- **아침 7시쯤에** 일어나요.

새 어휘 | 끝내다 / 출발하다

약속 정하기

1. Eugene has a presentation next week. He sent a text message to his partner for a meeting. What did he say? 유진 씨는 다음 주에 발표를 해야 돼요. 그래서 문자로 모임 약속을 해요. 어떤 이야기를 할까요?

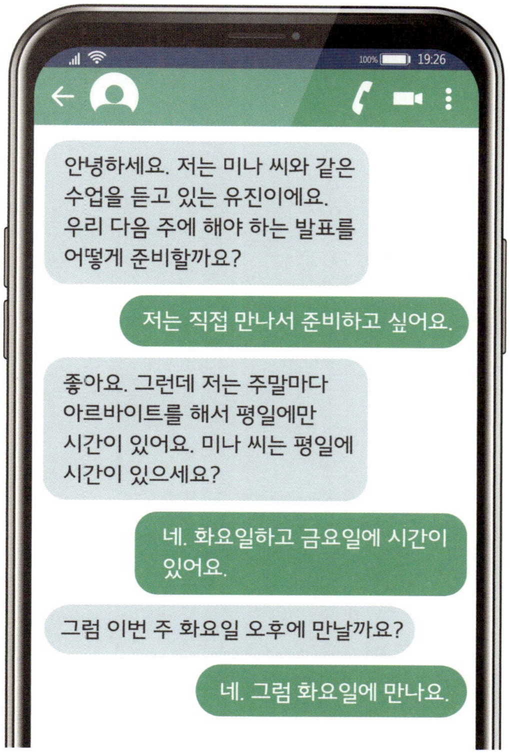

1) 누가 누구에게 먼저 문자를 보냈어요?
왜 문자를 보냈어요?

2) 여러분은 보통 누구에게 문자를 보내요?
왜 문자를 보내요?

2. You have a presentation next week. You write a text message to make an appointment with your partner. What are you going to write? Talk with your partner through text messages. 여러분은 다음 주에 발표를 해야 돼요. 그 사람과 약속을 정하고 싶어서 문자를 써요. 어떻게 써야 해요? 문자로 이야기해 보세요.

새 어휘 | 평일 / 문자 / 발표 / 직접

어휘와 표현

출근하다 / 회의를 준비하다 /
이메일을 읽다 / 퇴근하다 /
수업을 듣다 / 시험공부를 하다 /
동아리 활동을 하다 / 아르바이트를 하다

문법

마다
저는 수요일**마다** 세종학당에 가요.

-(으)ㄹ 때
저는 보통 출퇴근할 **때** 음악을 들어요.

자기 점검

1. **Can you talk about your daily routine?**
   하루 일과를 말할 수 있어요?

2. **Can you make appointments with people?**
   다른 사람과 약속을 정할 수 있어요?

I'm going to wear jeans and a T-shirt

청바지에다가 티셔츠를 입으려고 해요

Let's talk about how to dress for special occasions.

상황에 맞는 옷차림에 대해 조언할 수 있어요.

S 2A
4

What kinds of clothes do people wear for each season?
사람들은 계절마다 어떤 옷을 입을까요?

What kinds of clothes do you like?
여러분은 어떤 옷을 좋아해요?

어휘와 표현

옷차림

1. Check (√) the items you are familiar with. Then listen and repeat.

아는 것에 √ 표시를 해 보세요. 그리고 듣고 따라 해 보세요.

01

2. Which verb goes with each item? Look at the pictures above and talk with a partner.

어떤 동사와 같이 말할 수 있어요? 위의 그림을 보고 친구와 이야기해 보세요.

모자를 써요.

쓰다

끼다

하다

신다

입다

3. What are you wearing right now? Talk as follows.

여러분은 지금 어떤 옷차림을 하고 있어요? 다음과 같이 이야기해 보세요.

저는 지금 티셔츠하고 청바지를 입고 운동화를 신었어요.

문법 1

-기로 하다

'-기로 하다' is combined with a verb to express the intent or promise of the preceding action.

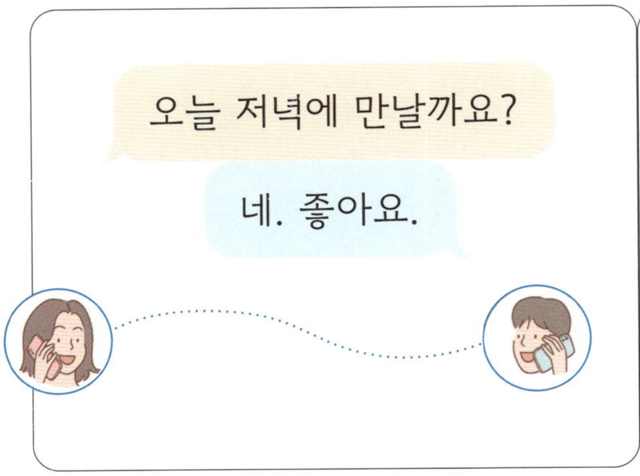

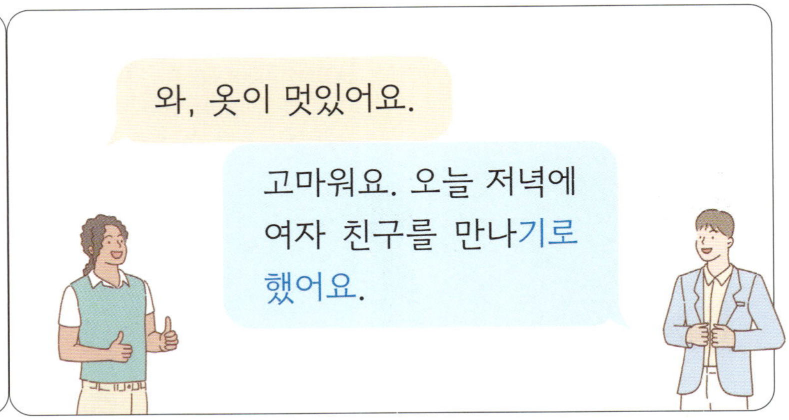

1. Complete the sentences as follows. 다음과 같이 문장을 완성해 보세요.

데이트를 하기로 했어요.
(하다)

1) 5시에 회사 앞에서 .... 했어요. (만나다)
2) 친구하고 같이 밥을 .... 했어요. (먹다)
3) 주말에 시내에서 .... 했어요. (놀다)
4) 친구하고 차를 마시고 영화를 .... 했어요. (보다)

2. What are you going to do? Talk with a partner as follows.

뭐 할 거예요? 다음과 같이 친구와 이야기해 보세요.

오늘 오후에 뭐 해요?

친구하고 쇼핑하기로 했어요.

1) 내일 뭐 해요?
2) 이번 주말에 뭐 해요?
3) 다음 주에 뭐 해요?
4) 방학에 뭐 해요?

문법 2

에다가

'에다가' is used with a noun, indicating that the following noun is added to the preceding noun.

가: 내일 회의가 있어요. 뭘 입을까요?
나: 정장에다가 구두를 신으세요.

1. Complete the sentences as follows. 다음과 같이 문장을 완성해 보세요.

원피스에다가 스카프를 하세요.

1) 바지 ______________________. (블라우스)
2) 날씨가 추우니까 코트 ______________________. (목도리)
3) 도서관에 갈 때는 티셔츠하고 청바지 ______________________. (운동화)

---

2. Look at the pictures and complete the conversations.
그림을 보고 대화를 완성해 보세요.

추울 때 뭘 입어요?

스웨터에다가 장갑을 끼고 목도리를 해요.

(스웨터, 장갑, 목도리)

1) 
가: 운동을 할 때 뭘 입어요?
나: ______________________
______________________. (티셔츠, 반바지, 운동화)

2) 
가: 회사에 갈 때 뭘 입어요?
나: ______________________
______________________. (정장, 넥타이, 구두)

3) 
가: 산에 갈 때 뭘 입어요?
나: ______________________
______________________. (운동복, 등산화, 모자)

4) ?
가: ______________________?
나: ______________________
______________________.

활동 1

인터넷 쇼핑

1. Do you buy clothes online? Anna and Mari are talking while shopping online. What do they say? 02

여러분은 인터넷으로 옷을 사요? 안나 씨와 마리 씨가 인터넷으로 옷을 구경하면서 이야기하고 있어요. 무슨 이야기를 할까요?

안나: 마리 씨, 지금 쇼핑해요?

마리: 네. 옷을 좀 사려고요.
다음 주말에 친구들하고 바다에 놀러 가기로 했어요.

안나: 정말 좋겠어요. 어떤 옷을 살 거예요?

마리: 티셔츠요. 청바지에다가 티셔츠를 입으려고 해요.

안나: 그럼 이 티셔츠는 어떨까요?

마리: 와, 정말 예뻐요!

1) 마리 씨는 왜 옷을 사요?

2) 마리 씨는 다음 주말에 어떤 옷을 입을 거예요?

2. Talk with a partner as follows. 다음과 같이 친구와 이야기해 보세요.

안나 씨, 지금 뭐 해요?

옷을 고르고 있어요.

어디 가요?

네. 친구 결혼식에 가기로 했어요.

어떤 옷을 입을 거예요?

정장 바지에다가 블라우스를 입고 구두를 신으려고 해요.

1)	2)	3)
친구 결혼식에 가다	친구하고 제주도에 가다	
정장 바지, 블라우스, 입다	청바지, 운동화, 신다	
구두, 신다	야구 모자, 쓰다	

3. What kinds of clothes do you want to buy? Why do you want to buy these clothes? Talk with a partner. 여러분은 어떤 옷을 사고 싶어요? 왜 그 옷을 사고 싶어요? 친구와 이야기해 보세요.

새 어휘 | 고르다

소개팅

1. Have you ever been on a blind date? This is a magazine article about a blind date. What do you think is important when going on a blind date?
여러분은 소개팅을 해 봤어요? 아래 글은 소개팅 기사예요. 소개팅을 할 때는 뭐가 중요할까요?

소개팅에서 중요한 것은?

남자와 여자 300명에게 물었습니다.

Q1. 소개팅을 할 때 뭐가 가장 중요합니까?
여러 가지 대답이 있었습니다. 제일 중요한 것은 '옷'이었습니다(36%).
다음으로 중요한 것은 '재미있게 이야기하는 것'이었습니다(26%).
그리고 '같이 가는 장소'도 중요했습니다(21%).

Q2. 요즘에는 소개팅을 할 때 보통 어떤 옷을 입습니까?
전에는 정장을 입는 사람이 많았지만
요즘에는 편한 옷을 입는 사람이 많습니다.

1) 소개팅을 할 때는 무엇이 중요해요?

2) 요즘에는 소개팅을 할 때 어떤 옷을 입어요?

2. What do you wear when you go out or go on a blind date?
How do you like men or women to dress? Write about it and talk with a partner.
여러분은 데이트나 소개팅을 할 때 어떤 옷을 입어요? 그리고 어떤 옷을 입은 여자나 남자를 좋아해요? 글을 쓰고 친구와 이야기해 보세요.

어휘와 표현

모자 / 장갑 / 넥타이 / 목도리 / 스카프 / 블라우스 / 와이셔츠 / 스웨터 / 티셔츠 / 양말 / 구두 / 운동화 / 치마 / 청바지 / 정장 바지 / 반바지 / 원피스 / (옷을) 입다 / (넥타이를) 하다 / (운동화를) 신다 / (장갑을) 끼다 / (모자를) 쓰다

문법

-기로 하다

오늘 저녁에 여자 친구를 만나기로 했어요.

에다가

정장에다가 구두를 신으세요.

자기 점검

1. **Can you describe what you are wearing right now?**
   지금 자신의 옷차림을 말할 수 있어요?

2. **Can you talk about how to dress for special occasions?**
   상황에 맞는 옷차림에 대해 조언할 수 있어요?

The living room window is big so it offers a good view

거실 창문이 커서 경치를 구경하기가 좋아요

Let's introduce our houses.

자신이 사는 집을 소개할 수 있어요.

S 2A 5

Do you want to live in an apartment?
Do you want to live in a house?
여러분은 아파트에서 살고 싶어요?
주택에서 살고 싶어요?

Around 50 percent of Koreans live in an apartment and 30 percent live in a house.

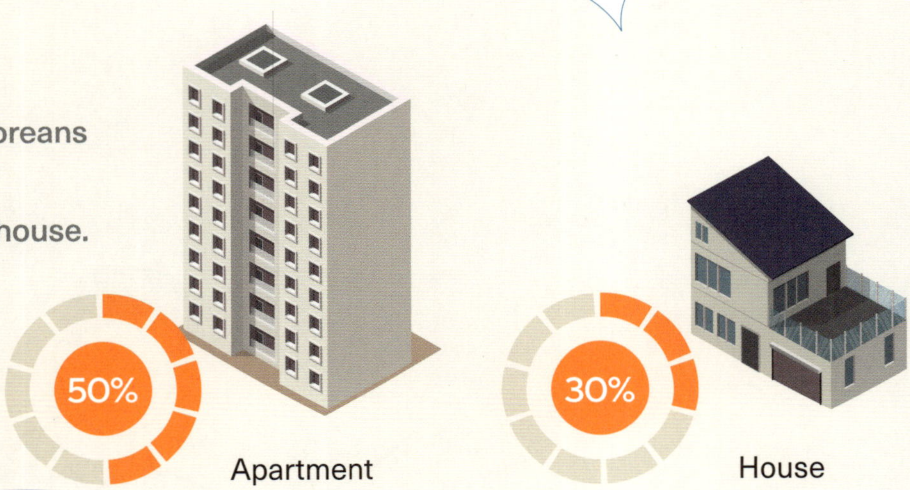

What are the benefits of living in an apartment?
And what are the benefits of living in a house?
아파트에서 살 때는 무엇이 좋을까요?
그리고 주택에서 살 때는 무엇이 좋을까요?

아파트	주택

집

1. How is your house? Check (√) the words that describe your house.

여러분의 집은 어때요? √ 표시를 해 보세요.

- ☐ 깨끗하다
- ☐ 지저분하다
- ☐ 넓다
- ☐ 좁다
- ☐ 밝다
- ☐ 어둡다
- ☐ 짐이 적다
- ☐ 짐이 많다

2. Which house is being described? Listen carefully and number the pictures.

어떤 집을 이야기해요? 잘 듣고 알맞은 그림의 번호를 쓰세요.

01

1) ① 2) ☐ 3) ☐ 4) ☐

①

②

③

④

3. What type of house do you like? Talk with a partner as follows.

어떤 집이 좋아요? 다음과 같이 친구와 이야기해 보세요.

안나 씨는 어떤 집이 좋아요?

저는 학교하고 가까운 집이 좋아요.
그리고 넓고 밝은 집이 좋아요.

문법
1

-기가 좋다

'-기가 좋다' is used with a verb, indicating that it is easy and comfortable to do a certain action. Instead of '-기가 좋다,' '-기 좋다' can be also used without '가.'

가: 와, 창문이 정말 커요.
나: 네. 그래서 경치를 구경하기가 좋아요.

1. Complete the sentences as follows. 다음과 같이 문장을 완성해 보세요.

봄에는 날씨가 따뜻해서 산책하기가 좋아요.

(산책하다)

1) 부엌이 넓어서 ________________ 좋아요. (요리하다)

2) 이 책은 쉽고 재미있어서 아이들에게 ________________ 좋아요. (선물하다)

3) 도서관이 조용해서 책을 ________________ 좋았어요. (읽다)

4) 이 바지는 시원해서 여름에 ________________ 좋을 거예요. (입다)

2. Talk with a partner as follows. 다음과 같이 친구와 이야기해 보세요.

마리 씨 집이 어때요?

근처에 공원이 없어서 운동하기 안 좋아요.

1)	마리 씨 집	근처에 공원이 없다	운동하다	☹
2)	안나 씨 집	짐이 많다	청소하다	☹
3)	재민 씨 집	회사하고 가깝다	출퇴근하다	☺
4)	어제 날씨			☹ / ☺
5)				☹ / ☺

새 어휘 | 경치 / 부엌 / 조용하다

문법 2 -지 않다, -지 못하다

'-지 않다' is combined with a verb or an adjective to negate the preceding action or state. '-지 못하다' is combined with a verb to express one's lack of ability to do the preceding act or the fact that something is not going as intended.

저는 청소하는 것을 싫어해요.
그래서 청소를 하지 않아요.

일이 많아서 시간이 없어요.
그래서 청소를 하지 못해요.

1. Choose either '-지 않다' or '-지 못하다' and complete the conversations as follows.
'-지 않다'나 '-지 못하다' 중 하나를 골라 다음과 같이 문장을 완성해 보세요.

방이 좁아서 친구를 많이 초대하지 못해요.
(초대하다)

1) 냉장고를 버리고 싶어요.
그런데 너무 무거워서 혼자 .... (버리다)

2) 안나 씨는 매일 청소를 해요.
그래서 방이 별로 .... (지저분하다)

3) 제 방에는 큰 창문이 있어요.
그래서 방이 .... (어둡다)

2. Is there anything your friend doesn't eat or can't eat? Why? Talk with a partner as follows.
친구가 먹지 않는 것과 먹지 못하는 것은 뭐예요? 그 이유가 뭐예요? 다음과 같이 친구와 이야기해 보세요.

미나 씨는 뭘 안 먹어요?
저는 고기를 싫어해서 전혀 먹지 않아요.

미나 씨는 뭘 못 먹어요?
저는 계란을 먹을 때마다 배가 아파요. 그래서 계란을 전혀 먹지 못해요.

	친구 이름	먹지 않아요.	먹지 못해요.
1)	미나	고기	계란
2)			
3)			
4)			

새 어휘 | 냉장고 / 버리다 / 별로 / 전혀

활동 1

새집 이야기

1. Juno moved. Jaemin and Juno are talking about Juno's new house. What do they say?

02

주노 씨가 이사를 했어요. 재민 씨와 주노 씨가 주노 씨의 새집 이야기를 해요. 무슨 이야기를 할까요?

재민: 주노 씨, 어제 이사 잘 했어요?

주노: 네. 짐이 많아서 좀 힘들었지만 잘 끝냈어요.

재민: 평일이라 도와주지 못해서 미안했어요. 새집은 어때요? 넓어요?

주노: 아니요. 그렇지만 거실 창문이 커서 경치를 구경하기가 좋아요.

재민: 와, 저도 그런 집으로 이사 가고 싶어요.

주노: 하하하. 그렇게 좋은 집은 아니에요.
재민 씨 집에서 멀지 않으니까 다음에 한번 놀러 오세요.

1) 주노 씨는 어제 뭐 했어요? 어땠어요? 2) 주노 씨 새집은 어때요?

2. Talk with a partner as follows. 다음과 같이 친구와 이야기해 보세요.

새집이 어때요? — 근처에 공원이 있어서 운동하기 좋아요.

회사에서 가까워요? — 아니요. 가깝지 않아요.

1)	2)	3)
새집	오늘 날씨	
근처에 공원이 있다	맑고 시원하다	
운동하다	산책하다	
회사에서 가깝다	산책을 자주 하다	

발음

밝다[박따]
밝고[발꼬]
밝아요[발가요]

The double final consonant 'ㄺ' is pronounced as [ㄱ] at the end of a syllable or before consonants other than 'ㄱ,' and both of the two consonants are pronounced when followed by 'ㄱ' or a vowel.

Listen and repeat.

- 날씨가 **맑다**.
- 책을 **읽고** 싶어요.
- **밝은** 집이 좋아요.

새 어휘 | 이사 / 도와주다 / 새집 / 거실 / 그렇게

활동 2

집 소개

1. Do you ever write blog posts? Mina wrote a post about her house on her blog. What did she write?

여러분은 블로그에 글을 써요? 미나 씨가 블로그에 집을 소개하는 글을 썼어요. 어떤 내용이 있을까요?

우리 집을 소개해요.

미나의 블로그

저는 어제 아파트로 이사를 했어요. 우리 집은 10층에 있어요. 그래서 경치를 구경하기 좋아요.

새집은 아주 넓어요. 방이 세 개고 화장실이 두 개 있어요.

이사 전에는 언니하고 같은 방에서 잤어요. 하지만 새집에는 제 방이 있어요. 방이 크지는 않지만 저는 제 방이 있어서 정말 좋아요.

1) 미나 씨 가족의 새집은 어때요?

2) 여러분은 어떤 집에서 살고 싶어요?

2. Write on your blog to introduce your house. Draw a picture as well.

블로그에 우리 집을 소개하는 글을 써 보세요. 그림도 그려 보세요.

우리 집을 소개해요.

저는 ______________________ 에 살아요.

우리 집은 ______________________ 에 있어요.

____

____

____

____

______________________________ 기 좋아요.

어휘와 표현

깨끗하다 / 지저분하다 / 넓다 / 좁다 / 밝다 / 어둡다 / 짐이 적다 / 짐이 많다

문법

-기가 좋다
경치를 구경하기가 좋아요.

-지 않다, -지 못하다
청소를 하지 않아요.
청소를 하지 못해요.

자기 점검

1. **Can you talk about the pros and cons of your house?**
   집의 좋은 점과 안 좋은 점을 말할 수 있어요?

2. **Can you describe your house?**
   자신이 사는 집을 소개할 수 있어요?

I listen to music while drinking coffee

커피를 마시면서 음악을 들어요

Let's talk about places you often visit.

자주 가는 장소를 소개할 수 있어요.

S 2A
6

Koreans often go to cafés
when they have spare time.
What do they do at cafés?

한국 사람들은 시간이 있을 때 카페에 자주 가요.
카페에 가서 무엇을 할까요?

Do you often go to cafés as well?
What do you do there?

여러분도 카페에 자주 가요?
가서 무엇을 해요?

장소와 물건

1. What is in a café? Check (√) the items you are familiar with. Then listen and repeat.
카페에 무엇이 있어요? 아는 것에 √ 표시를 해 보세요. 그리고 듣고 따라 해 보세요.

01

2. What is in a café? Look at the picture above and talk with a partner.
카페에 무엇이 있어요? 위의 그림을 보고 친구와 이야기해 보세요.

□ 놓여 있다 □ 걸려 있다

테이블 위에 꽃병이 놓여 있어요.

벽에 달력이 걸려 있어요.

3. What does this place look like? Talk as follows.
아래 사진의 장소는 어떤 모습이에요? 다음과 같이 이야기해 보세요.

방에 소파가 놓여 있어요. 그리고 벽에 액자가 걸려 있어요.

새 어휘 | 놓여 있다 / 걸려 있다 / 소파

문법 1

-(으)면서

'-(으)면서' is combined with a verb, indicating that two or more actions are being performed at the same time.

가: 민호 씨, 지금 뭐 하고 있어요?

나: 저는 지금 커피를 마시**면서** 책을 읽고 있어요.

1. Look at the pictures and complete the sentences. 그림을 보고 문장을 완성해 보세요.

친구가 기타를 **치면서** 노래해요.

(치다)

1)  친구하고 ______________ 산책해요. (이야기하다)

2)  저는 밥을 ______________ 텔레비전을 봐요. (먹다)

3)  음악을 ______________ 공부해요. (듣다)

4)  친구들과 ______________ 놀고 있어요. (게임을 하다)

2. What actions do you often do at the same time? Talk with a partner as follows.

어떤 행동을 자주 같이 해요? 다음과 같이 친구와 이야기해 보세요.

기타를 치다	외국어를 공부하다	인터넷을 보다
노래를 하다	텔레비전을 보다	요리를 배우다
샤워하다	사진을 찍다	여행을 다니다
밥을 먹다	회사에 다니다	한국어를 공부하다
	...	

문법 2 -지요?

'-지요?' is used as a sentence-closing ending, indicating that the speaker reconfirms what he/she already knows. It can also be shortened to '-죠.'

1. Complete the conversations as follows.

다음과 같이 대화를 완성해 보세요.

> 오늘 비가 정말 많이 오지요?
>
> (오다)
>
> 네. 정말 많이 와요.

1) 가: 미나 씨, 이번 주말에 한국어 시험을 ______________? (보다)
   나: 네. 그래서 열심히 공부하고 있어요.

2) 가: 저 사람 너무 ______________? (멋있다)
   나: 글쎄요. 저는 잘 모르겠어요.

3) 가: 우리 토요일에 만나기로 ______________? (했다)
   나: 네. 맞아요. 2시에 만나기로 했어요.

4) 가: 안나 씨는 ______________? (회사원이다)
   나: 아니요. 학생이에요.

2. What do you know about Korea? Is it true? Ask your teacher if it is true.

여러분은 한국에 대해 무엇을 알고 있어요? 그것이 정말이에요? 선생님께 질문해서 확인해 보세요.

내가 아는 것 : 한국 사람들은 모두 매운 음식을 잘 먹어요.

질문 : 선생님, 한국 사람들은 모두 매운 음식을 잘 먹지요?

□ 맞아요. ☑ 아니에요.

> 아니요. 제 한국 친구는 매운 음식을 잘 못 먹어요.

1) 내가 아는 것:
   질문: □ 맞아요. □ 아니에요.

2) 내가 아는 것:
   질문: □ 맞아요. □ 아니에요.

3) 내가 아는 것:
   질문: □ 맞아요. □ 아니에요.

자주 가는 장소

활동 1

1. Jaemin and Juno meet at a café. They are talking about the café. What do they say?

재민 씨와 주노 씨가 카페에서 만났어요. 두 사람이 카페에 대해 이야기해요. 무슨 이야기를 할까요?

02

재민: 와, 이 카페 분위기가 정말 좋아요.

주노: 그렇죠? 사람이 많지 않아서 오래 있기도 좋아요.

재민: 주노 씨, 여기 자주 와요?

주노: 네. 쉬고 싶을 때마다 혼자 여기 와요.

재민: 혼자 와서 보통 뭐 해요?

주노: 그냥 커피를 마시면서 음악을 들어요.
가끔 심심할 때는 여기저기 놓여 있는 잡지도 읽고요.

1) 주노 씨는 언제 카페에 가요?

2) 주노 씨는 카페에서 뭐 해요?

2. Talk with a partner as follows. 다음과 같이 친구와 이야기해 보세요.

재민 씨는 어디에 자주 가요?

저는 시간이 있을 때마다 공원에 가요.

공원에서 뭐 해요?

산책하면서 경치를 구경해요.

	1)	2)	3)
	시간이 있을 때	심심할 때	
	공원	미술관	
	산책하다, 경치를 구경하다	좋아하는 음악을 듣다, 그림을 보다	

3. Where do you often go? Why do you go there so often? Talk with a partner.

여러분이 자주 가는 장소는 어디예요? 왜 그곳에 자주 가요? 친구와 이야기해 보세요.

새 어휘 | 분위기 / 오래 / 여기저기

활동 2

좋아하는 장소

1. What are your favorite places? Sophie introduced the Han River Park on her blog. What did she write? 여러분은 어떤 장소를 좋아해요? 소피 씨가 블로그에 한강공원을 소개했어요. 어떤 내용이 있을까요?

소피

저는 시간이 있을 때마다 한강공원에 가요. 한강공원은 넓고 깨끗해요.
한강공원에 가면 보통 음악을 들으면서 산책해요.
가끔 운동을 하고 싶을 때는 한강공원에서 자전거를 타요.
자전거를 탄 후에는 근처 편의점에서 라면을 먹어요.
열심히 운동을 한 후에 먹는 라면은 정말 맛있어요.
어때요? 여러분도 가고 싶지요? 여러분도 시간이 있을 때
한강에 가세요. 정말 즐거울 거예요.

1) 소피 씨는 언제 한강공원에 가요? 한강공원에서 뭐 해요?

2) 여러분은 어떤 장소를 좋아해요? 거기에서 뭐 해요?

2. Write about your favorite place. Put a photo or draw a picture as well. Introduce the place to your classmates.
여러분이 좋아하는 장소를 소개하는 글을 써 보세요. 사진이나 그림도 같이 넣어 보세요. 그리고 그 장소를 친구들에게 소개해 보세요.

어휘와 표현 메뉴 / 벽 / 달력 / 포스터 / 화분 / 테이블 / 꽃병 / 인형 / 쿠션

문법 -(으)면서
저는 지금 커피를 마시면서 책을 읽고 있어요.

-지요?
주노 씨는 한국 드라마를 좋아하지요?

자기 점검

1. **Can you describe your favorite places?**
   좋아하는 장소의 모습을 설명할 수 있어요?

2. **Can you introduce the places you often visit?**
   자주 가는 장소를 소개할 수 있어요?

When I'm stressed out, my chest feels stuffy

스트레스를 받으면 가슴이 답답해요

Let's explain the symptoms of stress.

스트레스를 받을 때 나타나는 증상을 설명할 수 있어요.

S 2A
7

Are Koreans under heavy stress?
Where do they get the most stress from?
한국 사람들은 어디에서 스트레스를 많이 받을까요?

Do you feel stressed out in daily life?
Where do you get stress from?
여러분은 생활하면서 스트레스를 많이 받아요?
어디에서 스트레스를 많이 받아요?

Common Sources of Stress for Korean

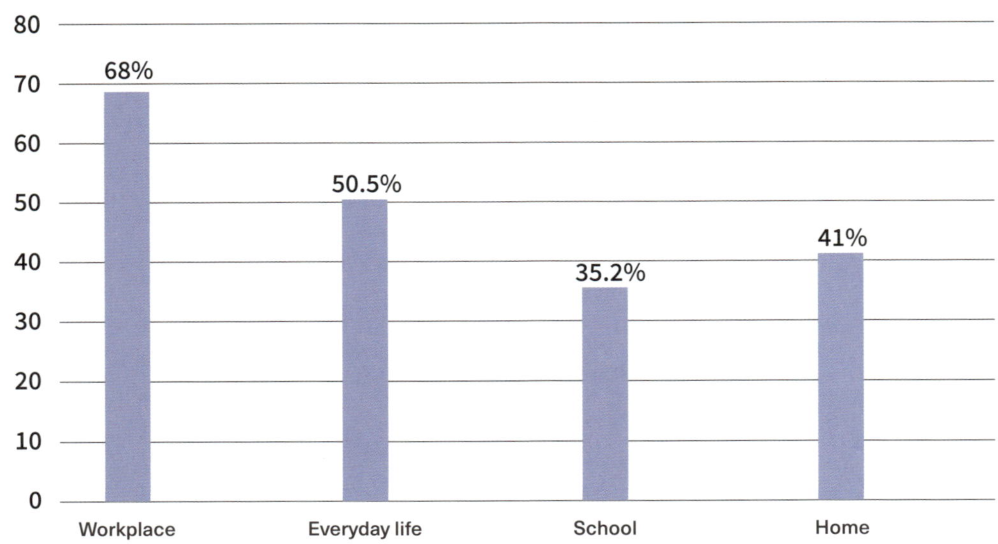

스트레스 증상

1. How do you feel when you are under heavy stress?
Check (√) the expressions that apply to you. Then listen and repeat.
스트레스를 많이 받을 때 몸이 어때요? √ 표시를 해 보세요. 그리고 듣고 따라 해 보세요.

01

스트레스를 받다

1) 

☐ 가슴이 답답하다

2) 

☐ 머리가 복잡하다

3) 

☐ 속이 안 좋다

4) 

☐ 얼굴이 붓다/눈이 붓다

5) 

☐ 잠이 안 오다

6) 

☐ 얼굴에 뭐가 나다

2. Look at the pictures and complete the conversations. 그림을 보고 대화를 완성해 보세요.

어디 안 좋아요?

네. 머리가 복잡해요.

1) 

가: 많이 피곤해요?
나: 네. 어제 ______________ 못 잤어요.

2) 

가: 무슨 일 있어요?
나: 요즘 스트레스를 많이 받아서 ______________
______________.

3. When are you stressed out? How do you feel when you are stressed out? Talk as follows.
여러분은 언제 스트레스를 받아요? 스트레스를 받을 때 몸이 어때요? 다음과 같이 이야기해 보세요.

저는 일이 많을 때 스트레스를 받아요.
그럼 속이 안 좋아요.

새 어휘 | 피곤하다

문법 1

-(으)면

'-(으)면' is combined with an adjective or a verb, stating the basis for the following idea or the condition for a certain situation. It is also used to suppose a fact that is not certain or yet realized.

주말에 보통 뭐 해요?

날씨가 좋으면 산에 가요.

(날씨가 좋다 → 산에 가다)

날씨가 안 좋으면 집에서 쉬어요.

(날씨가 안 좋다 → 집에서 쉬다)

1. Complete the sentences as follows. 다음과 같이 문장을 완성해 보세요.

저는 비가 오면 집에서 커피를 마시면서 영화를 봐요.

(비가 오다)

1) 단 음식을 ________________ 기분이 좋아요. (먹다)

2) 저는 머리가 ________________ 자요. (아프다)

3) ________________ 옷을 많이 입으세요. (춥다)

4) 시간이 ________________ 여행 가고 싶어요. (있다)

2. Talk with a partner as follows. 다음과 같이 친구와 이야기해 보세요.

수업이 끝나면 뭐 할 거예요?

수업이 끝나면 친구하고 밥을 먹을 거예요.

(수업이 끝나다)

1) 

(한국에 가다)

가: ________________?

나: ________________.

2) 

(좋아하는 배우나 가수를 만나다)

가: ________________?

나: ________________.

3) 

(돈이 많다)

가: ________________?

나: ________________.

4)

가: ________________?

나: ________________.

새 어휘 | 달다 / 배우

문법 2

ㅅ 불규칙

When a verb stem or an adjective stem that ends with 'ㅅ,' such as '붓다/젓다/짓다/낫다,' is combined with a word starting with a vowel, the final consonant 'ㅅ' is omitted. For example, '붓다' and '낫다' are changed to '부어요' and '나아요.'

얼굴이 많이 부었어요.

1. Complete the sentences as follows. 다음과 같이 문장을 완성해 보세요.

어제 잠을 못 자서 얼굴이 부었어요.

(붓다)

1)  약을 먹고 아픈 것이 다 ____________. (낫다)

2) 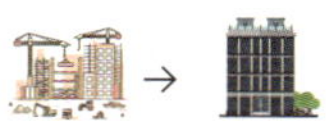 이 빌딩은 10년 전에 ____________. (짓다)

3)  우유에 꿀을 넣고 ____________. (젓다)

4) 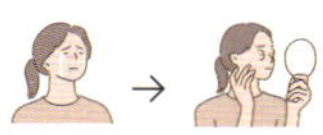 어제 많이 울어서 눈이 ____________. (붓다)

2. Talk with a partner as follows. 다음과 같이 친구와 이야기해 보세요.

1) 이름을 짓다	2) 감기가 낫다
①  강아지 ②  고양이 ③ ? ____________	①  생강차를 마시다 ②  약을 먹다 ③ ? ____________
강아지 이름을 뭐라고 지을 거예요? 해피라고 지을 거예요.	어떻게 하면 감기가 빨리 나아요? 생강차를 마시면 감기가 빨리 나을 거예요.

새 어휘 | 낫다 / 짓다 / 젓다 / 울다 / 강아지 / 생강차

활동 1

바쁜 생활과 스트레스

1. How do you feel when you are under stress? Anna and Eugene meet after a long time and they are talking about stress. What do they say?

02

여러분은 스트레스를 받으면 몸이 어때요? 안나 씨와 유진 씨가 오랜만에 만나서 스트레스 이야기를 해요. 무슨 이야기를 할까요?

안나: 유진 씨, 오랜만이에요. 요즘 많이 바쁘죠?

유진: 네. 어제도 저녁을 못 먹어서 밤에 라면을 먹었어요.
지금 제 얼굴 많이 부었죠?

안나: 아니요. 괜찮아요. 바빠서 스트레스를 많이 받지요?
저도 요즘 스트레스 받아서 잠이 안 와요.

유진: 네. 저는 스트레스를 받으면 가슴이 답답해요. 그리고 자꾸 매운 음식이 먹고 싶어요.

안나: 어, 저도요. 그럼 우리 오늘 맵고 맛있는 음식 먹으러 가요!

1) 유진 씨는 왜 어젯밤에 라면을 먹었어요? 2) 유진 씨는 스트레스를 받으면 어때요?

2. Talk with a partner as follows. 다음과 같이 친구와 이야기해 보세요.

요즘 일이 많아서 너무 힘들어요.

일이 많으면 스트레스를 많이 받지요?

네. 스트레스 받아서 머리가 복잡해요.
마리 씨는 이럴 때 어떻게 해요?

저는 머리가 복잡하면 공원에서 산책해요.

1)	2)	3)
일이 많다	과제가 많다	
머리가 복잡하다	속이 안 좋다	
공원에서 산책하다	약을 먹고 쉬다	

발음

바쁘죠
[바쁘조]

The vowel 'ㅛ' is pronounced as [ㅗ] when it meets the consonants 'ㅈ,' 'ㅉ' and 'ㅊ.'

Listen and repeat.

- 얼굴 많이 **부었죠**?
- 스트레스가 **많죠**?

새 어휘 | 오랜만 / 이야기 / 자꾸 / 어젯밤

스트레스 이야기

1. When are you stressed out? Anna wrote about stress. Why is she stressed out? What does she do when she feels stressed out?
여러분은 언제 스트레스를 받아요? 안나 씨가 스트레스에 대해 글을 썼어요.
안나 씨는 왜 스트레스를 받을까요? 그럴 때 어떻게 할까요?

여러분은 언제 스트레스를 많이 받습니까? 저는 다음 주에 중요한 시험이 있어서 요즘 스트레스를 많이 받습니다. 한국어를 배우는 것은 재미있지만 시험은 어려워서 힘들 때가 있습니다. 저는 시험이 있으면 항상 스트레스를 받습니다. 스트레스를 받으면 머리가 아프고 속이 안 좋습니다. 그럴 때는 약을 먹고 자면 좀 괜찮습니다. 여러분은 스트레스를 받으면 몸이 어떻습니까? 그리고 그럴 때는 어떻게 합니까?

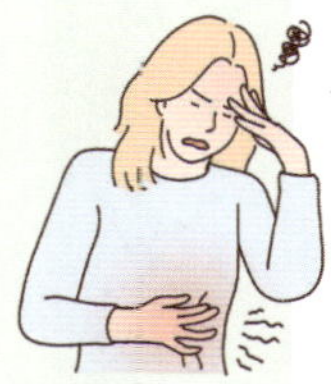

1) 안나 씨는 왜 요즘 스트레스를 받아요?

2) 여러분은 언제 스트레스를 받아요? 그때 뭘 하면 괜찮아요? 이야기해 보세요.

2. Write about what makes you stressed out based on what you mentioned earlier. Give a presentation. 앞에서 이야기한 내용으로 스트레스에 대한 글을 써 보세요. 그리고 발표해 보세요.

어휘와 표현

스트레스를 받다 / 가슴이 답답하다 / 머리가 복잡하다 / 속이 안 좋다 / 얼굴이 붓다 / 눈이 붓다 / 잠이 안 오다 / 얼굴에 뭐가 나다

문법

-(으)면
날씨가 좋으면 산에 가요.

ㅅ 불규칙
라면을 먹고 자서 얼굴이 부었어요.

자기 점검

1. **Can you talk about stress?**
   언제 스트레스를 받는지 말할 수 있어요?

2. **Can you talk about symptoms of stress?**
   스트레스를 받을 때 나타나는 증상을 설명할 수 있어요?

If you have trouble sleeping, try light exercise

잠이 안 오면 가벼운 운동을 해 보세요

Let's recommend healthy lifestyle habits.

건강한 생활 습관을 제안할 수 있어요.

S 2A 8

These are some healthy habits recommended by doctors.
What are your habits? Talk with a partner.

의사가 이야기하는 몸에 좋은 습관이에요.
여러분에게는 어떤 습관이 있어요?
친구와 이야기해 보세요.

Are you aware of any healthy habits?

여러분이 알고 있는
건강에 좋은 습관이 있어요?

Take notes about things you recently learned.

Take notes about things you want to learn more about.

어휘와 표현

생활 습관

1. How is your daily life? Check (√) the expressions that apply to you.

여러분은 어떻게 생활하고 있어요? √ 표시를 해 보세요.

□ 잘 웃다

□ 일찍 자고 일찍 일어나다

□ 음식을 골고루 먹다

□ 가벼운 운동을 하다

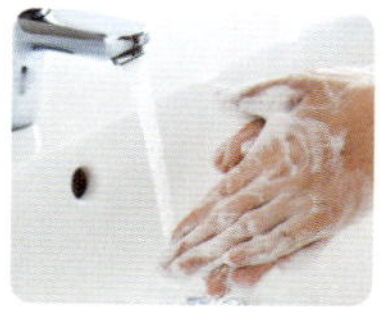
□ 손을 잘 씻다

□ 짜증을 잘 내다

□ 늦게 자고 늦게 일어나다

□ 좋아하는 음식만 먹다

□ 야식을 먹다

□ 컴퓨터를 오래 하다

2. Listen carefully and match each number to the appropriate picture.

잘 듣고 알맞은 그림을 연결해 보세요.

01

1) •　　2) •　　3) •　　4) •

3. What kind of habits would you like to have? Talk as follows.

여러분은 어떤 습관을 갖고 싶어요? 다음과 같이 이야기해 보세요.

저는 매일 운동하고 싶어요.

문법 1

-는데/(으)ㄴ데

'-는데/(으)ㄴ데' is combined with a verb, an adjective, '이다,' or '아니다,' presenting the background or related situation about the fact stated in the following clause. It can be followed by related questions or suggestions.

머리가 좀 아픈데 혹시 약이 있어요?

1. Complete the sentences as follows. 다음과 같이 문장을 완성해 보세요.

요즘 한국어를 공부하는데 아주 재미있어요.

(공부하다)

1) 비가 ______________ 택시를 탈까요? (오다)

2) 요즘 한국어 책을 ______________ 조금 어려워요. (읽다)

3) ______________ 영화 볼까요? (심심하다)

4) 날씨가 ______________ 산에 갈까요? (좋다)

2. Complete the sentences as follows. 다음과 같이 문장을 완성해 보세요.

(밥을 먹고 있다 / 전화가 왔다)

밥을 먹고 있는데 전화가 왔어요.

1) 

(공부를 하다 / 친구가 왔다)

____

______________.

2) 

(요즘 요리를 배우고 있다 / 재미있다)

____

______________.

3) 

(어제 영화를 봤다 / 영화가 무서웠다)

____

______________.

4) 

____

______________.

새 어휘 | 혹시

문법 2

–아/어 보다

'-아/어 보다' is combined with a verb, recommending or providing advice on something that the other person has not experienced.

비빔밥이 맛있는 식당 알아요?

하나식당 비빔밥이 맛있는데
한번 가 보세요.

1. Complete the sentences as follows. 다음과 같이 문장을 완성해 보세요.

이 책이 정말 재미있는데
한번 읽어 보세요.

(읽다)

1) 가슴이 답답하면 산책을 ______________. (하다)

2) 이 옷이 멋있는데 한번 ______________. (입다)

3) 이 노래 아주 좋은데 한번 ______________. (듣다)

4) 저 모자가 예쁜데 한번 ______________. (쓰다)

2. Do you have anything you would like to recommend to a friend? Talk as follows.

친구에게 추천하고 싶은 것이 있어요? 다음과 같이 이야기해 보세요.

불고기가 맛있는데
한번 먹어 보세요.

		무엇을 추천하고 싶어요?	왜 추천하고 싶어요?
1)	음식	불고기	맛있어요
2)	책		
3)	식당		
4)	음악		
5)			

새 어휘 | 추천하다

활동 1

생활 습관

1. Do you sleep well at night? What do you do when you can't sleep? Jaemin and Mari are talking about their lifestyle habits. What do they say?

02

여러분은 밤에 잠이 잘 와요? 잠이 안 오면 어떻게 하는 것이 좋을까요?
재민 씨와 마리 씨가 생활 습관을 이야기해요. 무슨 이야기를 할까요?

재민: 마리 씨, 이거 제가 집에서 가져왔어요. 마셔 보세요. 한국 커피예요.

마리: 와, 안 그래도 피곤해서 커피를 마시고 싶었는데 고마워요.

재민: 왜요? 어제 잠을 잘 못 잤어요?

마리: 네. 푹 자고 싶은데 잠이 안 와요. 뭐 좋은 방법 없을까요?

재민: 음. 잠이 안 오면 낮에 가벼운 운동을 해 보세요.

마리: 그럴까요? 고마워요.

1) 마리 씨는 왜 피곤해요?

2) 재민 씨는 어떤 방법을 추천했어요?

2. Talk with a partner as follows. 다음과 같이 친구와 이야기해 보세요.

안나 씨, 저 요즘 운동을 하는데 뭘 더 하면 건강에 좋을까요?

음. 음식을 골고루 먹어 보세요. 그리고 컴퓨터를 오래 하지 않는 게 좋아요.

좋은 방법인데 매일 그렇게 할 수 있을까요?

쉽지 않을 거예요. 하지만 이렇게 하면 건강하게 살 수 있을 거예요.

1)	2)	3)	4)
운동을 하다	일찍 자고 일찍 일어나다	요가를 하다	
음식을 골고루 먹다	가벼운 운동을 하다	채소를 많이 먹다	
컴퓨터를 오래 하다	야식을 먹다	좋아하는 음식만 먹다	

새 어휘 | 가져오다 / 안 그래도 / 방법 / 낮 / 건강하다

고치고 싶은 습관

1. Do you have any habits you would like to change?
Eugene wrote about a habit that he would like to change. What did he write?
여러분은 고치고 싶은 습관이 있어요? 유진 씨가 고치고 싶은 습관을 썼어요. 무슨 내용일까요?

A 안녕하세요? 저는 고치고 싶은 습관이 있습니다. 저는 게임을 좋아해서 늦게까지 컴퓨터로 게임을 합니다. 그래서 늦게 자고 늦게 일어납니다. 늦게 자서 피곤하고 가끔 지각도 합니다. 늦게 자는 습관을 고치고 싶은데 어떻게 하면 될까요?

Re 안녕하세요? 습관을 고치는 것이 어렵지요? 늦게 자는 습관을 고치고 싶으면 먼저 밤에 게임을 하지 않는 것이 좋습니다. 게임을 하고 싶으면 시간을 정해서 해 보세요. 그리고 낮에 몸을 많이 움직여 보세요. 산책도 좋고 가벼운 운동도 좋습니다. 그럼 일찍 잘 수 있을 거예요.

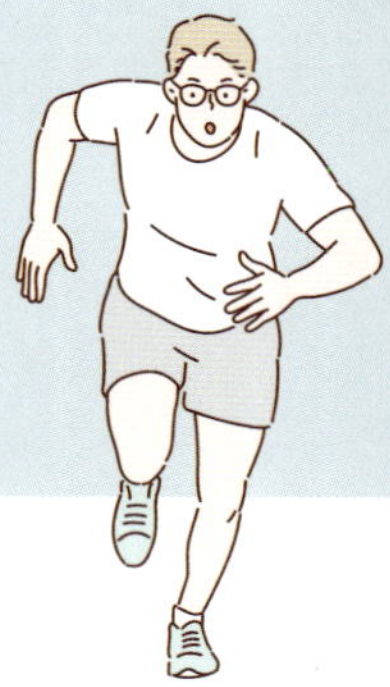

1) 유진 씨가 고치고 싶은 습관은 뭐예요? 왜 그 습관을 고치고 싶어요?

2) 여러분은 어떤 습관을 고치고 싶어요? 이야기해 보세요.

2. Write about a habit you would like to change. Then ask your classmates how to change it and write about it. Choose the best way to change it.
여러분이 고치고 싶은 습관을 하나 써 보세요. 그다음에 친구들에게 습관을 고칠 수 있는 방법을 물어보고 써 보세요.
그리고 가장 좋은 방법을 한 가지 골라 보세요.

- 고치고 싶은 습관:
- 어떻게 하면 고칠 수 있어요?

1) ______________________________

2) ______________________________

3) ______________________________

어휘와 표현

잘 웃다 / 일찍 자고 일찍 일어나다 /
음식을 골고루 먹다 /
가벼운 운동을 하다 / 손을 잘 씻다 /
짜증을 잘 내다 /
늦게 자고 늦게 일어나다 /
좋아하는 음식만 먹다 / 야식을 먹다 /
컴퓨터를 오래 하다

문법

-는데/(으)ㄴ데
머리가 좀 아픈데 혹시 약이 있어요?

-아/어 보다
하나식당 비빔밥이 맛있는데 한번 가 보세요.

자기 점검

1. **Can you talk about your lifestyle habits?**
   자신의 생활 습관을 말할 수 있어요?

2. **Can you recommend healthy lifestyle habits?**
   건강한 생활 습관을 제안할 수 있어요?

Why don't we eat kalguksu?

그럼 칼국수를 먹는 게 어때요?

Let's order what you would like to eat.

먹고 싶은 음식을 주문할 수 있어요.

S 2A 9

Where do Koreans often go to eat?
한국 사람들은 어디에서 뭘 자주 먹어요?

How do Koreans eat when they don't want to or can't cook?

① They go to a restaurant to eat.

1st Korean food 57.7%

2nd Fast food 7.5%

3rd Cafeteria menu at work or school 6.7%

② They order food by phone or online.

1st Chicken 42.3%

2nd Chinese food 26.8%

3rd Fast food 13.2%

③ They take out food from a restaurant and eat at home.

1st Fast food 25.3%

2nd Korean food 16.0%

3rd Chicken 14.2%

Where do you usually eat?
What do you usually eat there?
여러분은 보통 어디에서 밥을 먹어요?
거기에서 뭘 자주 먹어요?

음식과 주문

1. Check (√) all the words that you know. 아는 것에 모두 √ 표시를 해 보세요.

국, 찌개, 탕

□ 떡국

□ 미역국

□ 순두부찌개

□ 갈비탕

면, 국수

□ 짬뽕

□ 짜장면

□ 칼국수

□ 스파게티

2. What do you do when you go to a restaurant? Listen carefully and match each number to the appropriate picture. 식당에 가서 뭐 해요? 잘 듣고 맞는 것을 찾아 번호를 써 보세요.

01

1) ① 2) ☐ 3) ☐ 4) ☐ 5) ☐

①

②

③

④

⑤

3. What would you like to eat? Try to order as follows.

여러분이 먹고 싶은 음식은 뭐예요? 다음과 같이 주문해 보세요.

주문하시겠어요?

네. 짜장면 하나 주세요.

새 어휘 | 계산하다 / 현금

문법 1 -는/(으)ㄴ/(으)ㄹ 것 같다

'-는/(으)ㄴ/(으)ㄹ 것 같다' is combined with a verb or an adjective to make a guess about an uncertain matter based on one's knowledge.

이 케이크를 살까요?

네. 마리 씨가 좋아할 것 같아요.

(마리)

1. Complete the conversations as follows.
다음과 같이 대화를 완성해 보세요.

어떤 영화를 볼까요?

우리 이 영화를 봐요. 재미있을 것 같아요.

(재미있다)

1) 
가: 이 가방 예쁘죠?
나: 네. 그런데 좀 ______________. (비싸다)

2) 
가: 재민 씨는 언제 와요? 한번 전화해 보세요.
나: 전화했는데 안 받아요. 오늘도 ______________. (늦다)

3) 
가: 내일도 더울까요?
나: 요즘 계속 더웠으니까 내일도 ______________. (덥다)

4) 
가: 이 단어가 어떤 의미예요?
나: 저도 잘 몰라요. 안나 씨에게 물어보세요.
안나 씨는 ______________. (알다)

2. What can you say about these pictures? Find the appropriate expression for each picture.
다음 그림을 보고 어떻게 말할 수 있어요? 알맞은 말을 찾아서 번호를 써 보세요.

1)  (　　)

2)  (　　)

3)  (　　)

① 비가 오는 것 같아요. ② 비가 온 것 같아요. ③ 비가 올 것 같아요.

3. What do you think?
Look at the pictures and talk with a partner.
어떨 것 같아요? 그림을 보고 친구와 이야기해 보세요.

이 김치가 어떨까요?

좀 매울 것 같아요.

김치

불고기

냉면

삼계탕

한국어

책

차

영화

새 어휘 | 의미 / 모르다 / 물어보다

문법 2

-는 게 어때요?

'-는 게 어때요?' is combined with a verb to recommend someone to perform a particular action.

2A
9과

오늘 너무 피곤해서 요리를 하고 싶지 않아요.

그럼 식당에서 저녁을 먹는 게 어때요?

1. Look at the pictures and complete the sentences. 그림을 보고 문장을 완성해 보세요.

인터넷으로 피자를
주문하는 게 어때요?

(주문하다)

1)  빵과 우유를 .... ? (먹다)

2)  식당에 전화해서 먹고 싶은 음식을 .... ? (시키다)

3)  어제 파티를 해서 집에 음식이 많아요. 우리 집에 .... ? (가다)

2. What do you do when you have these problems? Talk with a partner as follows.

이런 문제가 있을 때는 어떻게 하는 것이 좋을까요? 다음과 같이 친구와 이야기해 보세요.

오늘 일을 너무 많이 했어요.

그럼 좀 쉬는 게 어때요?

	문제	방법
1)	오늘 일을 너무 많이 했다	좀 쉬다
2)	음식이 너무 짜다	
3)	한국어가 어렵다	
4)		

활동
1

음식 주문

1. Where do you usually go to eat with a friend? Jaemin and Mari are ordering food at a Korean restaurant. What are they going to eat?

02

여러분은 친구와 어디에서 밥을 먹어요? 재민 씨와 마리 씨가 한국 식당에서 음식을 주문해요. 두 사람은 뭘 먹을까요?

재민: 뭐 주문할 거예요? 정했어요?

마리: 아직요. 재민 씨는 뭐 시킬 거예요?

재민: 저는 김치찌개를 시키려고 해요. 마리 씨는요?

마리: 음. 저는 안 매운 음식을 먹고 싶어요.
맵지 않고 맛있는 음식이 있을까요?

재민: 그럼 칼국수를 먹는 게 어때요? 칼국수는 별로 맵지 않을 거예요.

마리: 좋아요. 여기요! 김치찌개하고 칼국수 주세요.

1) 재민 씨는 뭘 먹을 거예요?

2) 마리 씨는 왜 칼국수를 먹으려고 해요?

2. Talk with a partner as follows. 다음과 같이 친구와 이야기해 보세요.

뭐 주문할 거예요? 정했어요?

네. 저는 짜장면으로 정했어요. 민호 씨는요?

저도 짜장면이 맛있을 것 같아요.

그럼 민호 씨도 짜장면을 먹는 게 어때요? 여기 짜장면이 아주 맛있어요.

	1)	2)	3)
	짜장면	스파게티	
	맛있다	괜찮다	
	먹다	주문하다	

발음

칼국수
[칼국쑤]

When ‘ㅅ’ comes after the final consonant ‘ㄱ,’ it is pronounced as [ㅆ]. When ‘ㅈ’ comes after the final consonant ‘ㅂ,’ it is pronounced as [ㅉ].

Listen and repeat.

- 저는 **칼국수를** 좋아해요.
- 짜장면은 **맵지** 않아요.

주말 식사 약속

1. Where do you usually eat? What is this person going to do this weekend?
여러분은 주로 어디에서 밥을 먹어요? 이 사람은 이번 주말에 무엇을 할까요?

저는 요즘 회사 일이 바빠서 직접 요리를 하지 않고 식당에서 사 먹습니다. 집에서 밥을 먹을 때는 식당에서 사 오거나 배달을 시켜서 먹습니다. 그런데 이번 주말에는 세종학당 친구들과 같이 우리 집에서 한국 음식을 만들어서 먹기로 했습니다. 유진 씨가 좋아하는 된장찌개도 끓이고 안나 씨가 좋아하는 떡볶이도 만들 겁니다. 친구들과 같이 요리를 하면 아주 재미있을 것 같습니다.

1) 이 사람은 왜 식당에서 밥을 사 먹어요?

2) 이 사람은 이번 주말에 누구와 무슨 음식을 먹기로 했어요?

2. What do you eat every day? Draw a picture and write about it.
여러분은 어떤 음식을 자주 먹어요? 그림을 그리고 글로 써 보세요.

새 어휘 | 배달 / 끓이다

어휘와 표현

떡국 / 미역국 / 순두부찌개 / 갈비탕 / 짬뽕 / 짜장면 / 칼국수 / 스파게티 / 메뉴를 보다 / 카드로 계산하다 / 현금으로 계산하다 / 메뉴를 정하다 / 음식을 주문하다

문법

-는/(으)ㄴ/(으)ㄹ 것 같다

마리 씨가 좋아 할 것 같아요.

-는 게 어때요?

그럼 식당에서 저녁을 먹는 게 어때요?

자기 점검

1. **Can you say the names of Korean dishes?**
   한국 음식의 종류를 말할 수 있어요?

2. **Can you order dishes you want to eat?**
   먹고 싶은 음식을 주문할 수 있어요?

What about those black shoes?

그럼 저 까만 구두는 어때요?

Let's talk about things we want to buy.

사고 싶은 물건에 대해 이야기할 수 있어요.

S 2A
10

What is your favorite color?
Check (√) your favorite color.

여러분은 어떤 색을 제일 좋아해요?
√ 표시를 해 보세요.

Read about what your favorite color says about you. Do you think it's true? Talk with a partner.

아래 글을 읽어 보세요. 이 말이 맞아요?
친구와 이야기해 보세요.

1. Red.	☐	You put a lot of effort into everything you do.
2. Blue.	☐	You are good at making many things.
3. Yellow.	☐	You always say the right things.
4. Orange.	☐	You have many friends.
5. Green.	☐	You are much loved. Many people love you.
6. White.	☐	You are very clever.
7. Black.	☐	You are stylish and you dress well.

색과 모양

1. Check (√) the words that you know. 아는 것에 √ 표시를 해 보세요.

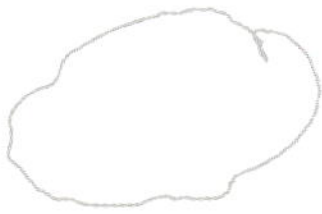
□ 하얗다

□ 까맣다

□ 파랗다

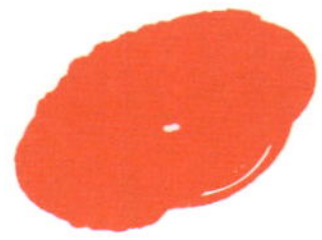
□ 빨갛다

□ 노랗다

2. Check (√) the words that you know. Then listen and repeat. 01
아는 것에 √ 표시를 해 보세요. 그리고 듣고 따라 해 보세요.

□ 크기

□ 크다

□ 작다

□ 디자인

□ 단순하다

□ 복잡하다

□ 가격

□ 비싸다

□ 싸다

□ 적당하다

3. What kind of things do you have now? Can you describe them? Talk with a partner as follows.
여러분은 지금 어떤 물건을 가지고 있어요? 그 물건은 어때요? 다음과 같이 친구와 이야기해 보세요.

이 가방은 크기가 적당하고
디자인이 단순해요.

가방 | 핸드폰 | 책 | 필통 | 지갑 | …

이 ____________ 은/는 ____________.
그리고 ____________.

문법 1

ㅎ 불규칙

When an adjective stem ending with 'ㅎ,' such as '하얗다, 까맣다, 파랗다, 빨갛다, 노랗다, 어떻다, 그렇다,' is combined with a word starting with a vowel, the final consonant 'ㅎ' is omitted.

뭘 드릴까요?

저 하얀 바지 주세요.

1. Complete the sentences as follows. 다음과 같이 문장을 완성해 보세요.

저 노란 우산 주세요.

(노랗다)

1)  저는 제 ______ 머리가 좋아요. (까맣다)

2)  저 ______ 장미 주세요. (빨갛다)

3)  ______ 바다를 보고 싶어요. (파랗다)

2. Look for red, blue, yellow, black, or white objects in the classroom. Then talk with a partner as follows.

교실에 있는 빨갛고 파랗고 노랗고 까맣고 하얀 물건을 찾아보세요. 그리고 다음과 같이 친구와 이야기해 보세요.

	색	무엇
1)	빨간색	안나 씨 가방
2)	파란색	
3)	노란색	
4)	까만색	
5)	하얀색	

안나 씨 가방이 빨간색이에요.

안나 씨 가방이 빨개요.

새 어휘 | 장미

-(으)면 좋겠다

'-(으)면 좋겠다' is combined with a verb or an adjective, expressing a wish or a hope.

가: 이 옷은 어때요?
나: 작을 것 같아요.
사이즈가 좀 더 크면 좋겠어요.

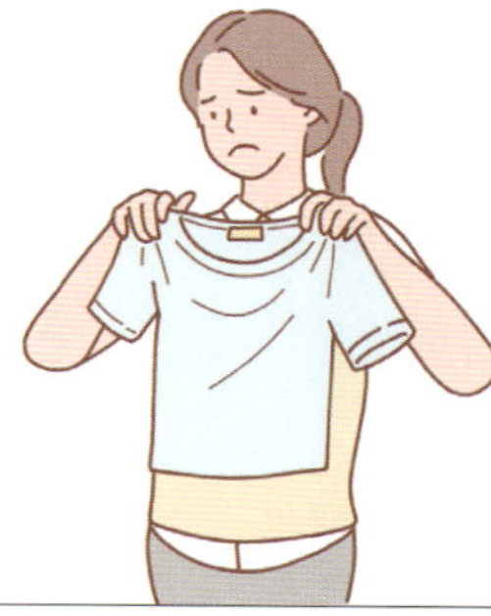

1. Look at the pictures and complete the sentences. 그림을 보고 문장을 완성해 보세요.

(너무 클 것 같아요.)

사이즈가 좀 더 작으면 좋겠어요.

1)  (너무 비싼 것 같아요.) 가격이 좀 더 ______________.

2)  (너무 짧은 것 같아요.) 길이가 더 ______________.

3)  (디자인이 너무 복잡한 것 같아요.) 디자인이 더 ______________.

2. Complete the conversations as follows. 다음과 같이 대화를 완성해 보세요.

배가 많이 고파요?

네. 빨리 점심을 먹으면 좋겠어요.

(먹다)

1) 가: 집에서 학교까지 두 시간 걸려요?
나: 네. 학교에서 좀 더 ______________. (가깝다)

2) 가: 많이 더워요? 에어컨을 켤까요?
나: 아니요. 창문을 좀 ______________. (열다)

3) 가: 텔레비전을 볼까요?
나: 아니요. 음악을 좀 ______________. (듣다)

4) 가: 지금 ______________ 고 싶어요?
나: (네 / 아니요). ______________.

새 어휘 | 길이 / 에어컨 / 켜다 / 열다

활동 1

좋아하는 신발

1. What kind of shoes do you wear at school or work?
Anna and Mari are talking at a shoe store. What do they say?
여러분은 학교나 회사에 갈 때 어떤 신발을 신어요? 안나 씨와 마리 씨가 신발 가게에서 이야기해요. 무슨 이야기를 할까요?

02

안나: 마리 씨, 여기 예쁜 신발이 많아요. 잠깐 구경 좀 할까요?

마리: 좋아요. 신발을 하나 사야 하는데 잘 됐어요.

안나: 마리 씨는 노란색을 좋아하죠? 이 운동화는 어때요?

마리: 음. 집에 비슷한 운동화가 있어요.
저는 정장에 어울리는 신발이 하나 있으면 좋겠어요.

안나: 그럼 저 까만 구두는 어때요? 정장에 잘 어울릴 것 같아요.

마리: 와, 예뻐요. 디자인도 단순해서 매일 신기 좋을 것 같아요.

1) 마리 씨는 무슨 색을 좋아해요?

2) 마리 씨는 어떤 신발을 찾아요?

2. Talk with a partner as follows. 다음과 같이 친구와 이야기해 보세요.

이 가게에 좋은 물건이 많죠?

네. 여기에서 새 책상을 하나 사면 좋겠어요.

어떤 책상을 사고 싶어요?

크기가 작고 하얀 책상요.

1)	2)	3)
책상	운동화	
크기가 작다	가격이 싸다	
하얗다	까맣다	

3. Is there anything you want to buy right now? Where can you get it?
What is your favorite color and shape? Talk with a partner.
여러분은 지금 사고 싶은 물건이 있어요? 어디에서 살 수 있을까요? 어떤 색과 모양이 좋아요? 친구와 이야기해 보세요.

새 어휘 | 비슷하다 / 어울리다

인터넷 쇼핑

1. Do you shop online? Jaemin is shopping online right now. What can he buy? What should he buy?
여러분은 인터넷 쇼핑을 해요? 지금 재민 씨가 인터넷에서 물건을 사고 있어요. 무엇을 살 수 있을까요? 어떤 물건을 사면 좋을까요?

SJ 쇼핑 | 공책

종이 | 연필 | 볼펜 | 공책 | 다이어리

공책(4권) *작은 사이즈! 예쁜 디자인!!*

최저 **16,540원**

파는 곳	가격 (최저 16,540원)
세종문방구	16,540원
아름문방구	16,600원
한솔문방구	17,000원
한가람문방구	17,090원

색

★★★★★ 4.7

이 물건 어때요?

색이 예쁘고 가벼워서 좋아요.
★★★★★ 5/5
모트모트 | 21.07.02

작은 가방에도 넣을 수 있는 사이즈예요!
★★★★★ 4/5
실론10 | 21.03.21

1) 지금 어떤 물건을 구경하고 있어요?

2) 어디에서 제일 싼 물건을 살 수 있어요?

2. Are there items you often buy? Where do you usually buy them? What do you check when you buy them? Write about them and talk with your classmates.
자주 사는 물건이 있어요? 보통 그 물건을 어디에서 사요? 그 물건을 살 때는 무엇을 확인해요?
생각한 것을 글로 쓰고 친구들과 이야기해 보세요.

1) 자주 사는 물건:

2) 보통 그 물건을 사는 곳:

3) 물건을 살 때 확인하는 것:

새 어휘 | 종이 / 연필 / 볼펜 / 다이어리 / 문방구 / 확인하다

어휘와 표현

하얗다 / 까맣다 / 파랗다 / 빨갛다 / 노랗다 / 크다 / 작다 / 비싸다 / 싸다 / 단순하다 / 복잡하다 / 적당하다 / 가격 / 크기 / 디자인

문법

ㅎ 불규칙

저 하얀 바지 주세요.

-(으)면 좋겠다

사이즈가 좀 더 크면 좋겠어요.

자기 점검

1. **Can you talk about the colors and shapes of various objects?**
   물건의 색과 모양을 이야기할 수 있어요?

2. **Can you talk about things you want to buy?**
   사고 싶은 물건에 대해 이야기할 수 있어요?

Have you ever traveled to South Korea?

한국을 여행한 적이 있어요?

Let's ask for travel advice.

여행 계획에 대한 조언을 구할 수 있어요.

S 2A
11

Have you ever been to Korea?
Where did you go?
If not, where would you like to go?

여러분은 한국을 여행해 봤어요?
어디에 갔어요?
아직 여행을 안 했으면 어디에 가고 싶어요?

Why do many people visit Korea?

왜 많은 사람들이 한국을 여행할까요?

Reasons for Visiting Korea

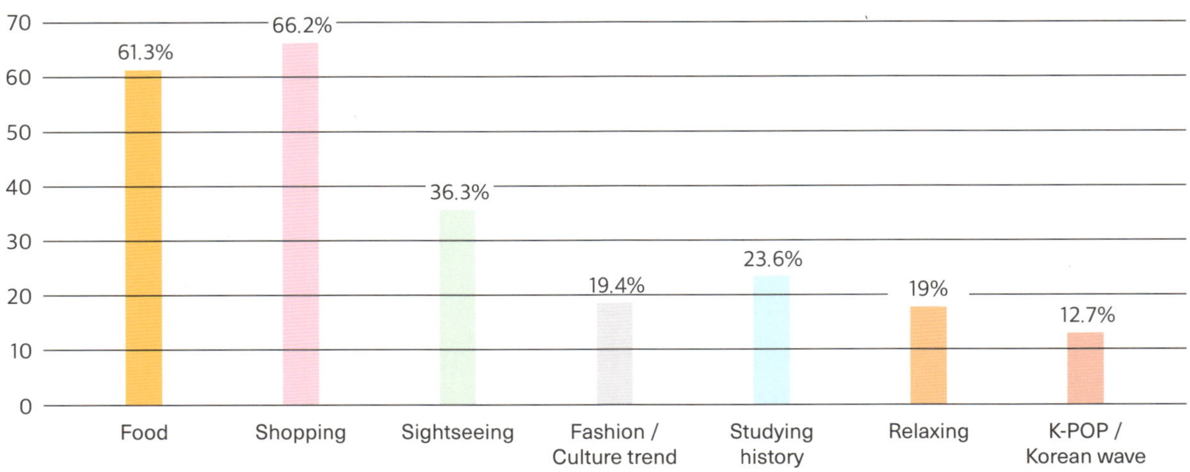

어휘와 표현

여행 준비

1. How do you prepare for a trip? Check (√) what you do before leaving for a trip.

여행 준비는 어떻게 해야 할까요? 여러분이 여행을 준비할 때 하는 것에 √ 표시를 해 보세요.

을/를 알아보다

☐ 유명한 여행지

☐ 맛집

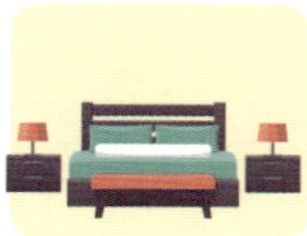

☐ 좋은 숙소

☐ 교통편

☐ 날씨

을/를 정하다

☐ 날짜

☐ 여행지

☐ 교통편

을/를 예약/예매하다

☐ 숙소를 예약하다

☐ 비행기표/기차표를 예매하다

2. Listen carefully and match each number to the appropriate picture.

잘 듣고 알맞은 그림을 연결해 보세요.

01

1) • 2) • 3) • 4) •

3. What do you usually prepare before going on a trip? Talk as follows.

여러분은 여행 전에 특별히 준비하는 것이 있어요? 다음과 같이 이야기해 보세요.

> 저는 여행 가는 나라의 말을 조금 공부해요.

문법 1 -(으)ㄴ 적이 있다

'-(으)ㄴ 적이 있다' is combined with a verb, expressing an event or experience that occurred in the past. In contrast, '-(으)ㄴ 적이 없다' is used when one has no experience with something. A person's experience can also be expressed as '-아/어 본 적이 있다' in combination with '-아/어 보다.'

가: 와, 제가 가장 좋아하는 배우예요.

나: 이 사람 한국에서 본 적이 있어요.

1. Complete the sentences as follows.

다음과 같이 문장을 완성해 보세요.

> 저는 아르바이트를 한 적이 있어요.
>
> (하다)

1) 엔 서울 타워에 .... (가다)

2) 한국에서 불고기를 .... (먹다)

3) 외국에서 .... (살다)

4) 이 가수의 음악을 .... (듣다)

---

2. What special things have you done? Talk with a partner as follows.

여러분은 어떤 특별한 일을 해 봤어요? 다음과 같이 친구와 이야기해 보세요.

> 혼자 여행을 한 적이 있어요?
>
> 네. 저는 혼자 여행을 한 적이 있어요.
>
> 어디에서 혼자 여행을 했어요?
>
> 일본에서 혼자 여행을 했어요.

> 혼자 여행을 한 적이 있어요?
>
> 아니요. 저는 혼자 여행을 한 적이 없어요.
>
> 어디에서 혼자 여행을 해 보고 싶어요?
>
> 독일에서 혼자 여행을 해 보고 싶어요.

(혼자 여행을 하다)

	특별한 일	나	친구
1)	혼자 여행을 하다		
2)			
3)			

새 어휘 | 엔 서울 타워 / 독일

문법
2

동안

'동안' comes after a noun, indicating the time or period during which something continues. We use '-는 동안' in combination with a verb.

가: 이번 설날에는 며칠 쉬어요?
나: 20일부터 22일까지 3일 동안 쉬어요.

⊕ **Let's learn more**

Seollal is the first day of the lunar new year. On this day, all family members gather together and celebrate the new beginning of the year by eating delicious food and playing traditional games.

1. Compete the sentences as follows.

다음과 같이 문장을 완성해 보세요.

> 오늘 3시간 동안 운동했어요.
>
> (3시간)

1) ________ 집을 청소했어요. (2시간)
2) ________ 한국을 여행했어요. (5일)
3) ________ 한국어를 공부했어요. (10주)
4) ________ 수영을 배울 거예요. (휴가)

2. Have you done something different than usual for a certain period of time? Talk with a partner as follows.

여러분은 특별한 경험을 한 적이 있어요? 다음과 같이 친구와 이야기해 보세요.

몇 시간 동안 친구를 기다린 적이 있어요?
네. 2시간 동안 기다린 적이 있어요.
친구가 왜 늦었어요?
친구 아르바이트가 늦게 끝났어요.

몇 시간 동안 친구를 기다린 적이 있어요?
아니요. 저는 친구가 늦으면 기다리지 않아요.

(몇 시간 / 친구를 기다리다)

1) 

(몇 시간 / 물만 마시다)

2) 

(며칠 / 안 자다)

3) 

(/)

4) ?

(/)

한국 여행

1. What do you discuss with a friend when you plan a trip? Juno and Anna are talking about their trips. What do they say?

02

여러분은 여행을 준비할 때 친구와 어떤 이야기를 해요? 주노 씨와 안나 씨가 여행 이야기를 해요. 무슨 이야기를 할까요?

주노: 안나 씨, 이번 방학에 뭐 할 거예요?

안나: 이번 방학에 드디어 친구와 한국에 가요!
비행기표도 벌써 예매했어요.

주노: 그래요? 저도 작년에 한 달 동안 한국을 여행했는데 정말 재미있었어요.

안나: 와, 한국을 여행한 적이 있어요? 어디가 좋았어요?

주노: 다 좋았는데 엔 서울 타워에 꼭 가 보세요. 거기 경치가 아주 좋아요.

1) 안나 씨는 방학 동안 뭘 할 거예요?

2) 주노 씨는 안나 씨에게 어디를 추천했어요? 왜 거기를 추천했어요?

2. Talk with a partner as follows. 다음과 같이 친구와 이야기해 보세요.

주노 씨, 휴가 동안 뭐 할 거예요?

친구와 태국에 갈 거예요.
마리 씨도 태국을 여행한 적이 있죠?

네. 2년 전에 태국에 갔다 왔는데 정말 좋았어요.
비행기표는 예매했어요?

네. 지금은 유명한 여행지와
좋은 숙소를 알아보고 있어요.

1)	2)	3)
비행기표를 예매하다	숙소를 예약하다	
유명한 여행지	교통편	
좋은 숙소	맛집	

발음

작년
[장년]

Final consonats 'ㄱ,' 'ㄲ' and 'ㅋ' are pronounced as [ㄱ]. However, they are pronounced as [ㅇ] if they are followed by a syllable starting with the consonant 'ㄴ.'

Listen and repeat.

- **작년에** 한국을 여행했어요.
- 자주 **먹는** 음식이 뭐예요?

새 어휘 | 드디어 / 벌써

여행 동아리에 질문하기

1. Where do you get information when you prepare for a trip? Anna wrote on a travel club bulletin board asking for travel information. What did she write?
여러분은 여행 준비할 때 어떻게 정보를 알아봐요? 안나 씨가 여행 동아리 게시판에 여행 정보를 물어보는 글을 썼어요.
어떤 여행 정보를 물어봤을까요?

서울 여행 이렇게 가면 어때요?

ANNA0810

여러분, 방학 계획 다 세웠어요?
저는 이번 방학 동안 서울로 여행 가려고 해요.
서울에 가 본 적이 없는데 정말 재미있을 것 같아요.
친구하고 계획을 이렇게 세웠는데 어때요?
괜찮을까요? 아, 한국에 도착하는 날은 오후 5시에
인천공항에 도착하고, 집에 오는 날은 밤 10시에 인천공항에서 비행기를 탈 거예요.

서울 여행 계획 날짜: 8월 20일~8월 24일

	1일 <한국 도착>	2일	3일	4일	5일 <집으로 출발>
날씨					
여행지	인천공항 홍대	동대문시장, 청계천, 케이팝(K-POP) 콘서트	명동, 엔 서울 타워	경복궁, 광화문, 인사동	북촌 한옥마을, 국립중앙박물관
숙소	홍대 게스트하우스	서울 호텔	한국 호텔	서울 호텔	
교통편	공항버스	지하철, 버스	지하철, 버스	지하철, 버스	지하철

주노	와, 재미있을 것 같아요. 그런데 서울은 교통이 편해서 호텔을 바꾸지 않아도 괜찮을 거예요.
유미	저도 서울에 가 본 적이 있는데 서울을 5일 동안 여행하는 것은 좀 긴 것 같아요. 춘천에 한번 가 보세요. 남이섬이 있는데 거기에서 드라마나 영화를 많이 찍었어요.
재민	국립중앙박물관에서 예쁜 물건을 많이 팔아요. 선물은 거기에서 사세요.

1) 안나 씨는 한국에서 며칠 동안 여행을 할 거예요? 어디에 갈 거예요?

2) 여러분은 지금 어디를 여행하고 싶어요? 거기에 간 적이 있는 친구가 있어요? 친구하고 이야기해 보세요.

2. Plan your trip as above and get advice from your classmates. Then look for the most helpful advice. 위의 글과 같이 여러분의 여행 계획을 세우고 친구들에게 조언을 받아 보세요. 그리고 좋은 조언을 찾아보세요.

________________ 여행 계획

날짜					

새 어휘 | 세우다 / 인천공항 / 도착하다 / 홍대 / 동대문시장 / 청계천 / 광화문 / 게스트하우스 / 공항버스 / 춘천 / 남이섬 / 북촌 한옥마을 / 국립중앙박물관

어휘와 표현

유명한 여행지를 알아보다 /
맛집을 알아보다 / 좋은 숙소를 알아보다 /
교통편을 알아보다 / 날씨를 알아보다 /
날짜를 정하다 / 여행지를 정하다 /
교통편을 정하다 / 숙소를 예약하다 /
비행기표, 기차표를 예매하다

문법

-(으)ㄴ 적이 있다
한국에서 배우를 본 적이 있어요.

동안
설날에 3일 동안 쉬어요.

자기 점검

1. **Can you talk about travel plans?**
   여행 준비에 대해 말할 수 있어요?

2. **Can you ask for travel advice?**
   여행 계획에 대한 조언을 구할 수 있어요?

어휘와 표현 —— 여행 경험

12

문법 —— -아/어 보다, -(으)ㄴ

I made a stamp at a museum

박물관에서 도장을 만들어 봤어요

Let's talk about travel experiences.

여행 경험을 말할 수 있어요.

S 2A

12

Have you had
any special experiences
during a trip?

여러분은 여행 가서 특별한
경험을 한 적이 있어요?

Is there anything
you would like to try during a trip?

여러분이 여행 가서 해 보고 싶은
경험이 있어요?

여행 경험

1. What do you do when you go on a trip? Check (√) what you do. Then listen and repeat. 01
여러분은 여행지에서 무엇을 해요? √ 표시를 해 보세요. 그리고 듣고 따라 해 보세요.

☐ 야경을 보다

☐ 기념품을 사다

☐ 박물관에 가다

☐ 멋있는 카페에 가다

☐ 전통 음식을 먹다

2. How were the places you traveled to? Check (√) the expressions. 02
Then listen and repeat. 여러분이 여행한 곳들은 어땠어요? √ 표시를 해 보세요. 그리고 듣고 따라 해 보세요.

☐ 경치가 아름답다

☐ 음식이 입에 맞다

☐ 분위기가 좋다

☐ 쉬기에 좋다

☐ 구경거리가 많다

3. What are the most important things when choosing a travel destination? Number the things below in order. How about your classmates?
여행지를 정할 때 뭐가 제일 중요해요?
순서대로 번호를 써 보세요. 친구들은 어때요?

(　　) 경치가 아름답다
(　　) 음식이 입에 맞다
(　　) 분위기가 좋다
(　　) 쉬기에 좋다
(　　) 구경거리가 많다

4. Do you have things to do or places to see when you travel? Talk as follows.
여행 가면 꼭 하거나 가는 곳이 있어요?
다음과 같이 이야기해 보세요.

저는 비행기표, 기차표,
이런 표를 모아요.

문법 1

-아/어 보다

'-아/어 보다' is combined with a verb, indicating something that has been experienced or tried. It is mainly used to refer to particular experiences such as travel or hobbies.

한국 여행 가서 뭐 했어요?

서울에서 박물관에 가 봤어요.

1. Complete the sentences as follows.

다음과 같이 문장을 완성해 보세요.

바다에서 수영해 봤어요.

(수영하다)

1) 한국에서 떡국을 ______________________. (먹다)

2) 한국 가수의 노래를 ______________________. (듣다)

3) 좋아하는 배우에게 편지를 ______________________. (쓰다)

4) 케이크를 ______________________. (만들다)

---

2. Complete the sentences as follows. 다음과 같이 친구와 이야기해 보세요.

아르바이트를 해 봤어요?

네. 해 봤어요.

어디에서 아르바이트를 해 봤어요?

카페에서 아르바이트를 해 봤어요.

아르바이트를 해 봤어요?

아니요. 아르바이트를 안 해 봤어요.

해 보고 싶은 아르바이트가 있어요?

영어를 가르쳐 보고 싶어요.

1) 

혼자 여행을 하다

2) 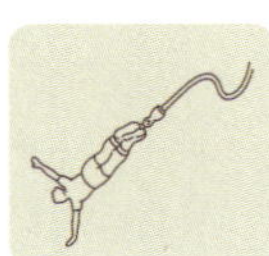

번지 점프를 하다

3) 

한국 책을 읽다

4) ?

새 어휘 | 번지 점프

문법 2 -(으)ㄴ

'-(으)ㄴ' is combined with a verb, indicating that an action or behavior has occurred in the past or that a completed action has been continued.

가: 여행하면서 한국 사람들을 많이 만났어요? 어땠어요?

나: 네. 한국에서 만난 사람들이 모두 친절했어요.

1. Complete the sentences as follows.
다음과 같이 문장을 완성해 보세요.

> 어제 먹은 불고기가 정말 맛있었어요.
> (먹다)

1) 어제 __________ 한국 드라마가 재미있었어요. (보다)
2) 이 사진은 남산에서 __________ 사진이에요. (찍다)
3) 아침에 __________ 노래는 한국 노래예요. (듣다)
4) 제가 __________ 케이크를 먹어 보세요. (만들다)

2. Talk with a partner as follows. 다음과 같이 친구와 이야기해 보세요.

> 어제 저녁에 뭘 먹었어요?
> 어제 저녁에 먹은 음식은 김밥이에요.

		나	
1)	어제 저녁에 뭘 먹었어요?		
2)	지난 토요일에 누구를 만났어요?		
3)	주말에 무슨 운동을 했어요?		
4)	어제 무슨 드라마를 봤어요?		
5)			

새 어휘 | 친절하다 / 남산

한국 여행 경험

1. What did you talk about with a friend after you came back from a trip? Juno and Anna are talking about Anna's trip to Korea. What do they say?

03

여러분은 여행을 다녀오면 친구와 어떤 이야기를 해요?
주노 씨와 안나 씨가 안나 씨의 한국 여행에 대해 이야기해요. 무슨 이야기를 할까요?

주노: 안나 씨, 여행은 잘 다녀왔어요?

안나: 네. 주노 씨 고마워요. 주노 씨가 추천한 엔 서울 타워에 가 봤어요. 거기에서 본 야경이 정말 아름다웠어요.

주노: 다행이에요. 한국 전통 음식도 많이 먹어 봤어요?

안나: 네. 제 입에 잘 맞았어요. 그리고 박물관에도 가 봤어요.

주노: 와, 정말요? 저는 박물관은 안 가 봤는데 어땠어요?

안나: 한국의 역사를 알 수 있어서 좋았어요. 그리고 박물관에서 도장을 만들어 봤어요. 이거 보세요. 멋있죠?

1) 안나 씨는 한국에서 뭘 했어요?

2) 박물관은 어땠어요?

2. Talk with a partner as follows. 다음과 같이 친구와 이야기해 보세요.

유진 씨, 프랑스 여행은 어땠어요? 구경거리가 많았죠?

네. 너무 좋았어요. 특히 박물관에서 본 그림이 아주 아름다웠어요.

박물관도 가고 또 뭘 했어요?

기념품도 많이 사고 멋있는 카페에도 가 봤어요.

1)	2)	3)	4)
프랑스	태국	한국	
구경거리가 많다	쉬기에 좋다	경치가 아름답다	
박물관, 그림을 보다	짜오프라야강, 야경을 보다	제주도, 바다를 보다	

새 어휘 | 다행 / 역사 / 도장 / 짜오프라야강

활동 2

여행지에서 쓰는 편지

1. Have you ever written a letter to a friend or a family member during one of your trips? Anna wrote a letter to Mari from N Seoul Tower. What did she write?

여러분은 여행지에서 친구나 가족에게 편지를 써 본 적이 있어요? 안나 씨가 엔 서울 타워에서 마리 씨에게 편지를 썼어요. 무슨 내용일까요?

마리 씨에게

마리 씨, 안나예요. 지금 엔 서울 타워에서 이 편지를 쓰고 있어요. 한국에서 벌써 3일 동안 여행을 했는데 너무 즐거워요. 한국은 구경거리가 많고 음식이 입에 맞아서 좋아요. 그동안 쇼핑도 하고 맛있는 음식도 많이 먹어 봤어요. 어제는 신당동에서 떡볶이를 먹어 봤는데 정말 맛있었어요. 그리고 마리 씨에게 주려고 기념품도 사고 제 옷도 많이 샀는데 특히 홍대에서 산 옷이 너무 마음에 들어요.

오늘은 엔 서울 타워에서 서울 야경을 볼 거예요. 정말 아름다울 것 같아요. 나중에 마리 씨와 한국에 또 여행 오고 싶어요. 보고 싶어요, 마리 씨.

– 서울에서
안나.

1) 안나 씨는 한국에서 뭘 했어요?

2) 여러분은 어디를 여행해 봤어요? 이야기해 보세요.

2. Write about a place you visited. What did you do there? How was the place?

여러분이 여행한 곳을 소개하는 글을 써 보세요. 거기에서 뭘 했어요? 그곳은 어떤 곳이었어요?

새 어휘 | 그동안 / 신당동 / 마음에 들다 / 나중

어휘와 표현

야경을 보다 / 박물관에 가다
전통 음식을 먹다 / 기념품을 사다 /
멋있는 카페에 가다 / 경치가 아름답다 /
음식이 입에 맞다 / 분위기가 좋다 /
쉬기에 좋다 / 구경거리가 많다

문법

-아/어 보다
서울에서 박물관에 가 봤어요.

-(으)ㄴ
한국에서 만난 사람들이 모두 친절했어요.

자기 점검

1. Can you talk about things you did while traveling?
   여행에서 한 일을 말할 수 있어요?

2. Can you talk about things you saw while traveling?
   여행에서 본 것을 말할 수 있어요?

Appendix

Listening Scripts

2A

01 I work as a program developer
저는 프로그램 만드는 일을 해요

어휘와 표현	1번	15쪽

알맞은 것을 연결해 보세요. 그리고 듣고 따라 해 보세요.

1) 대학교에 다니다, 학생
2) 미용실에서 일하다, 헤어 디자이너
3) 한국어를 가르치다, 교사
4) 프로그램을 만들다, 프로그래머
5) 빵을 굽다, 제빵사

활동 1	1번	18쪽

여러분은 처음 만난 사람과 무슨 이야기를 해요? 유미 씨와 마리 씨가 처음 만나서 이야기해요. 무슨 이야기를 할까요?

유미: 안녕하세요? 저는 유미라고 해요.
마리: 저는 마리예요. 반가워요.
유미: 마리 씨는 무슨 일을 해요?
마리: 저는 프로그램 만드는 일을 해요.
컴퓨터 회사에 다녀요.
유미: 그래요? 저는 빵을 만드는 일을 해요. 제빵사예요.

02 I go hiking or go to sports events
등산을 하거나 운동 모임에 가요

어휘와 표현	3번	23쪽

대화를 듣고 다음과 같이 써 보세요.

가: 주말에 뭐 하는 것을 좋아해요?
나: 배드민턴 치는 것하고 자전거 타는 것을 좋아해요.

[예시]
가: 주말에 뭐 하는 것을 좋아해요?
나: 낚시하는 것하고 사진 찍는 것을 좋아해요.

활동 1	1번	26쪽

여러분은 휴일에 보통 뭐 해요? 재민 씨와 마리 씨가 휴일에 하는 일에 대해 이야기해요. 무슨 이야기를 할까요?

재민: 마리 씨는 휴일에 뭐 해요?
마리: 등산을 하거나 운동 모임에 가요.
재민: 아, 휴일에는 보통 운동을 해요?
마리: 네. 이번 주말에도 친구하고 등산을 할 거예요.
재민: 그래요? 이번 주말에는 비가 올 거예요.
마리: 정말요? 토요일에도 비가 올까요?
재민: 네. 오늘 일기 예보에서 들었어요.

03 I have a work meeting every morning
요즘 아침마다 회의가 있어요

어휘와 표현	2번	31쪽

민호 씨는 매일 어떤 일을 해요? 잘 듣고 일을 하는 순서대로 번호를 써 보세요.

안녕하세요. 저는 한국대학교에 다니고 있는 민호라고 해요. 저는 매일 아침 7시쯤 일어나요. 그리고 학교에 가요. 학교 식당에서 아침을 먹고 10시부터는 수업을 들어요. 수업이 끝난 후에 점심을 먹고 오후에는 아르바이트를 해요. 7시쯤에 아르바이트가 끝나요. 그럼 집에 가서 저녁을 먹어요.

활동 1	1번	34쪽

여러분은 친구와 전화로 무슨 이야기를 해요? 재민 씨와 주노 씨가 전화로 저녁 약속을 해요. 무슨 이야기를 할까요?

재민: 주노 씨, 오늘 같이 저녁 먹어요.
주노: 좋아요. 그런데 저 오늘 일찍 퇴근 못 할 거예요.
재민: 그래요? 언제 퇴근할 수 있어요?
주노: 7시 반쯤요. 요즘 아침마다 회의가 있어요.
그래서 퇴근하기 전에 회의 준비를 끝내야 해요.
재민: 저는 괜찮아요. 퇴근할 때 전화 주세요.
주노: 네. 재민 씨.

04 I'm going to wear jeans and a T-shirt
청바지에다가 티셔츠를 입으려고 해요

어휘와 표현 | 1번 | 39쪽

아는 것에 √ 표시를 해 보세요. 그리고 듣고 따라 해 보세요.

모자	장갑	넥타이	목도리
스카프	양말	구두	운동화
블라우스	와이셔츠	스웨터	티셔츠
치마	청바지	정장 바지	반바지
원피스			

활동 1 | 1번 | 42쪽

여러분은 인터넷으로 옷을 사요? 안나 씨와 마리 씨가 인터넷으로 옷을 구경하면서 이야기하고 있어요. 무슨 이야기를 할까요?

안나: 마리 씨, 지금 쇼핑해요?
마리: 네. 옷을 좀 사려고요.
다음 주말에 친구들하고 바다에 놀러 가기로 했어요.
안나: 정말 좋겠어요. 어떤 옷을 살 거예요?
마리: 티셔츠요. 청바지에다가 티셔츠를 입으려고 해요.
안나: 그럼 이 티셔츠는 어떨까요?
마리: 와, 정말 예뻐요!

05 The living room window is big so it offers a good view
거실 창문이 커서 경치를 구경하기가 좋아요

어휘와 표현 | 2번 | 47쪽

어떤 집을 이야기해요? 잘 듣고 알맞은 그림의 번호를 쓰세요.

1) 가: 집이 어때요?
나: 좁고 어두워요.
2) 가: 집이 어때요?
나: 좁지만 짐이 없고 밝아요.
3) 가: 집이 어때요?
나: 넓지만 지저분하고 짐이 많아요.
4) 가: 집이 어때요?
나: 깨끗하고 넓지만 어두워요.

활동 1 | 1번 | 50쪽

주노 씨가 이사를 했어요. 재민 씨와 주노 씨가 주노 씨의 새집 이야기를 해요. 무슨 이야기를 할까요?

재민: 주노 씨, 어제 이사 잘 했어요?
주노: 네. 짐이 많아서 좀 힘들었지만 잘 끝냈어요.
재민: 평일이라 도와주지 못해서 미안했어요. 새집은 어때요? 넓어요?
주노: 아니요. 그렇지만 거실 창문이 커서 경치를 구경하기가 좋아요.
재민: 와, 저도 그런 집으로 이사 가고 싶어요.
주노: 하하하. 그렇게 좋은 집은 아니에요.
재민 씨 집에서 멀지 않으니까 다음에 한번 놀러 오세요.

06 I listen to music while drinking coffee
커피를 마시면서 음악을 들어요

어휘와 표현 | 1번 | 55쪽

카페에 무엇이 있어요? 아는 것에 √ 표시를 해 보세요. 그리고 듣고 따라 해 보세요.

메뉴	달력	벽	포스터
화분	테이블	꽃병	인형
쿠션			

활동 1 | 1번 | 58쪽

재민 씨와 주노 씨가 카페에서 만났어요. 두 사람이 카페에 대해 이야기해요. 무슨 이야기를 할까요?

재민: 와, 이 카페 분위기가 정말 좋아요.
주노: 그렇죠? 사람이 많지 않아서 오래 있기도 좋아요.
재민: 주노 씨, 여기 자주 와요?
주노: 네. 쉬고 싶을 때마다 혼자 여기 와요.
재민: 혼자 와서 보통 뭐 해요?
주노: 그냥 커피를 마시면서 음악을 들어요.
가끔 심심할 때는 여기저기 놓여 있는 잡지도 읽고요.

07 When I'm stressed out, my chest feels stuffy
스트레스를 받으면 가슴이 답답해요

어휘와 표현 | 1번 | 63쪽

스트레스를 많이 받을 때 몸이 어때요? √ 표시를 해 보세요. 그리고 듣고 따라 해 보세요.

1) 가슴이 답답하다
2) 머리가 복잡하다
3) 속이 안 좋다
4) 얼굴이 붓다/눈이 붓다
5) 잠이 안 오다
6) 얼굴에 뭐가 나다

활동 1 | 1번 | 66쪽

여러분은 스트레스를 받으면 몸이 어때요? 안나 씨와 유진 씨가 오랜만에 만나서 스트레스 이야기를 해요. 무슨 이야기를 할까요?

안나: 유진 씨, 오랜만이에요. 요즘 많이 바쁘죠?
유진: 네. 어제도 저녁을 못 먹어서 밤에 라면을 먹었어요.
지금 제 얼굴 많이 부었죠?
안나: 아니요. 괜찮아요. 바빠서 스트레스를 많이 받지요?
저도 요즘 스트레스 받아서 잠이 안 와요.
유진: 네. 저는 스트레스를 받으면 가슴이 답답해요.
그리고 자꾸 매운 음식이 먹고 싶어요.
안나: 어, 저도요. 그럼 우리 오늘 맵고 맛있는 음식 먹으러 가요!

08 If you have trouble sleeping, Try light exercise
잠이 안 오면 가벼운 운동을 해 보세요

어휘와 표현	2번	71쪽

잘 듣고 알맞은 그림을 연결해 보세요.

1) 남: 요즘 퇴근하면 뭐 해요?
여: 공원에서 가벼운 운동을 해요.
2) 여: 고기를 많이 먹어요? 채소를 많이 먹어요?
남: 음. 저는 음식을 골고루 먹어요.
3) 남: 보통 잠을 일찍 자요?
여: 아니요. 컴퓨터를 오래 하고 늦게 자요.
4) 여: 어디 안 좋아요?
남: 어제 야식을 많이 먹어서 속이 좀 안 좋아요.

활동 1	1번	74쪽

여러분은 밤에 잠이 잘 와요? 잠이 안 오면 어떻게 하는 것이 좋을까요? 재민 씨와 마리 씨가 생활 습관을 이야기해요. 무슨 이야기를 할까요?

재민: 마리 씨, 이거 제가 집에서 가져왔어요. 마셔 보세요. 한국 커피예요.
마리: 와, 안 그래도 피곤해서 커피를 마시고 싶었는데 고마워요.
재민: 왜요? 어제 잠을 잘 못 잤어요?
마리: 네. 푹 자고 싶은데 잠이 안 와요. 뭐 좋은 방법 없을까요?
재민: 음. 잠이 안 오면 낮에 가벼운 운동을 해 보세요.
마리: 그럴까요? 고마워요.

09 Why don't we eat Kalguksu?
그럼 칼국수를 먹는 게 어때요?

어휘와 표현	2번	79쪽

식당에 가서 뭐 해요? 잘 듣고 맞는 것을 찾아 번호를 써 보세요.

1) 메뉴를 봐요.
2) 카드로 계산해요.
3) 음식을 주문해요.
4) 메뉴를 정해요.
5) 현금으로 계산해요.

활동 1	1번	82쪽

여러분은 친구와 어디에서 밥을 먹어요? 재민 씨와 마리 씨가 한국 식당에서 음식을 주문해요. 두 사람은 뭘 먹을까요?

재민: 뭐 주문할 거예요? 정했어요?
마리: 아직요. 재민 씨는 뭐 시킬 거예요?
재민: 저는 김치찌개를 시키려고 해요. 마리 씨는요?
마리: 음. 저는 안 매운 음식을 먹고 싶어요.
맵지 않고 맛있는 음식이 있을까요?
재민: 그럼 칼국수를 먹는 게 어때요? 칼국수는 별로 맵지 않을 거예요.
마리: 좋아요. 여기요! 김치찌개하고 칼국수 주세요.

10 What about those black shoes?
그럼 저 까만 구두는 어때요?

어휘와 표현	2번	87쪽

아는 것에 √ 표시를 해 보세요. 그리고 듣고 따라 해 보세요.

크기	크다	작다	디자인
단순하다	복잡하다	가격	비싸다
싸다	적당하다		

활동 1	1번	90쪽

여러분은 학교나 회사에 갈 때 어떤 신발을 신어요? 안나 씨와 마리 씨가 신발 가게에서 이야기해요. 무슨 이야기를 할까요?

안나: 마리 씨, 여기 예쁜 신발이 많아요. 잠깐 구경 좀 할까요?
마리: 좋아요. 신발을 하나 사야 하는데 잘 됐어요.
안나: 마리 씨는 노란색을 좋아하죠? 이 운동화는 어때요?
마리: 음. 집에 비슷한 운동화가 있어요.
저는 정장에 어울리는 신발이 하나 있으면 좋겠어요.
안나: 그럼 저 까만 구두는 어때요? 정장에 잘 어울릴 것 같아요.
마리: 와, 예뻐요. 디자인도 단순해서 매일 신기 좋을 것 같아요.

11 Have you ever traveled to South Korea?
한국을 여행한 적이 있어요?

어휘와 표현	2번	95쪽

잘 듣고 알맞은 그림을 연결해 보세요.

1) 가: 안나 씨, 여행 준비 다 했어요?
나: 아니요. 지금 숙소를 예약하려고 해요.
2) 가: 마리 씨, 주말에 같이 산에 가는 게 어때요?
나: 주말 날씨를 알아봤는데 비가 올 거예요. 다음 주에 가요.
3) 가: 주노 씨, 서울까지 어떻게 갈 거예요? 교통편을 정했어요?
나: 네. 버스를 타고 갈 거예요.
4) 가: 와, 유진 씨, 여기는 어디예요? 아름다워요.
나: 경복궁이에요. 지금 서울에서 여행하려고 유명한 여행지를 알아보고 있어요.

활동 1	1번	98쪽

여러분은 여행을 준비할 때 친구와 어떤 이야기를 해요? 주노 씨와 안나 씨가 여행 이야기를 해요. 무슨 이야기를 할까요?

주노: 안나 씨, 이번 방학에 뭐 할 거예요?
안나: 이번 방학에 드디어 친구와 한국에 가요!
비행기표도 벌써 예매했어요.
주노: 그래요? 저도 작년에 한 달 동안 한국을 여행했는데
정말 재미있었어요.
안나: 와, 한국을 여행한 적이 있어요? 어디가 좋았어요?
주노: 다 좋았는데 엔 서울 타워에 꼭 가 보세요. 거기 경치가 아주 좋아요.

12 I made a stamp at a museum
박물관에서 도장을 만들어 봤어요

어휘와 표현	1번	103쪽

여러분은 여행지에서 무엇을 해요? √ 표시를 해 보세요. 그리고 듣고 따라 해 보세요.

야경을 보다
박물관에 가다
전통 음식을 먹다
기념품을 사다
멋있는 카페에 가다

어휘와 표현	2번	103쪽

여러분이 여행한 곳들은 어땠어요? √ 표시를 해 보세요. 그리고 듣고 따라 해 보세요.

경치가 아름답다
음식이 입에 맞다
분위기가 좋다
쉬기에 좋다
구경거리가 많다

활동 1	1번	106쪽

여러분은 여행을 다녀오면 친구와 어떤 이야기를 해요? 주노 씨와 안나 씨가 안나 씨의 한국 여행에 대해 이야기해요. 무슨 이야기를 할까요?

주노: 안나 씨, 여행은 잘 다녀왔어요?
안나: 네. 주노 씨 고마워요. 주노 씨가 추천한 엔 서울 타워에 가 봤어요. 거기에서 본 야경이 정말 아름다웠어요.
주노: 다행이에요. 한국 전통 음식도 많이 먹어 봤어요?
안나: 네. 제 입에 잘 맞았어요. 그리고 박물관에도 가 봤어요.
주노: 와, 정말요? 저는 박물관은 안 가 봤는데 어땠어요?
안나: 한국의 역사를 알 수 있어서 좋았어요. 그리고 박물관에서 도장을 만들어 봤어요. 이거 보세요. 멋있죠?

Answer Key

2A

01 I work as a program developer

저는 프로그램 만드는 일을 해요

어휘와 표현 | 1번 | 15쪽

1) 대학교에	일하다	헤어 디자이너
2) 미용실에서	굽다	교사
3) 한국어를	다니다	학생
4) 프로그램을	만들다	제빵사
5) 빵을	가르치다	프로그래머

어휘와 표현 | 2번 | 15쪽

1) 저는 한국어를 가르쳐요. 선생님이에요.
2) 저는 빵을 구워요. 제빵사예요.

어휘와 표현 | 3번 | 15쪽

[예시]
저는 세종학당에서 한국어를 가르치고 싶어요.

문법 1 | 1번 | 16쪽

1) 주노라고 해요
2) 재민이라고 해요
3) 수지라고 해요
4) [예시]
   유진이라고 해요

문법 1 | 2번 | 16쪽

[예시]
가: 'eraser'를 한국어로 뭐라고 해요?
나: 지우개라고 해요.

문법 2 | 1번 | 17쪽

1) 좋아하는 운동이에요
2) 자주 마시는 커피예요
3) 가구를 만드는 일을 해요
4) 웃는 사람을 좋아해요

문법 2 | 2번 | 17쪽

1) 자주 듣는, 한국 음악
2) 자주 가는, 카페예요
3) 자주 잃어버리는 물건은 우산이에요
4) [예시]
   제가 자주 보는 영화는 한국 영화예요.

활동 1 | 1번 | 18쪽

1) "마리 씨는 무슨 일을 해요?"라고 질문했어요.
2) (마리 씨의 직업은) 프로그래머예요.

활동 1 | 2번 | 18쪽

2) 가: 저는 수지라고 해요.
   나: 안녕하세요? 저는 히엔이라고 해요.
   가: 반가워요. 히엔 씨는 무슨 일을 해요?
   나: 저는 베트남어를 가르치는 선생님이에요.
3) [예시]
   가: 저는 수지라고 해요.
   나: 안녕하세요? 저는 안나라고 해요.
   가: 반가워요. 안나 씨는 무슨 일을 해요?
   나: 저는 한국어를 공부하는 학생이에요.

활동 2 | 1번 | 19쪽

1) 아주 크고 깨끗해요. 휴게실에서는 친구들과 같이 차를 마시고 이야기를 해요.

활동 2 | 2번 | 19쪽

[예시]
저는 마리라고 합니다. 여기는 제가 한국어를 공부하는 세종학당입니다. 저는 일주일에 세 번 세종학당에 갑니다. 세종학당에는 교실, 요리실, 사무실이 있습니다. 제가 공부하는 교실은 작지만 깨끗

합니다. 교실 옆에는 음식을 만들 수 있는 요리실도 있습니다. 요리실에서 친구들과 같이 한국 음식을 만들고 먹습니다. 친구들과 한국어를 배우는 것이 아주 즐겁습니다.

02 I go hiking or go to sports events
등산을 하거나 운동 모임에 가요

어휘와 표현 | 1번 | 23쪽

[예시]
영화를 보다
음악을 듣다
자전거를 타다

어휘와 표현 | 2번 | 23쪽

[예시]
1) 안나
2) 소설을 읽어요.
3) 만화도 그려요.

어휘와 표현 | 3번 | 23쪽

[예시]
낚시하는 것, 사진 찍는 것

문법 1 | 1번 | 24쪽

1) 읽거나
2) 치거나
3) 나
4) 이나

문법 1 | 2번 | 24쪽

[예시]
1) 주말에 운동을 하거나 친구를 만나요
2) 공원에서 산책을 하거나 자전거를 타요
3) 매일 아침에 밥이나 빵을 먹어요
4) 매일 10시나 11시쯤 자요

문법 2 | 1번 | 25쪽

1) 안 어려울까요
2) 준비해야 될까요
3) 잘 탈 수 있을까요

문법 2 | 2번 | 25쪽

1) 가: 재미있을까요
나: 재미있을 거예요. 제가 읽었어요
2) 가: 받을까요
나: 마리 씨가 지금 전화를 안 받을 거예요. 지금 자고 있어요
3) 가: 먹었을까요
나: 잘 모르겠어요

활동 1 | 1번 | 26쪽

1) 마리 씨는 보통 휴일에 등산을 하거나 운동 모임에 가요.
2) 이번 주말에는 비가 와서 등산을 갈 수 없어요.

활동 1 | 2번 | 26쪽

2) 가: 유진 씨, 휴일에 뭐 해요?
나: 카페에서 책을 읽거나 친구를 만나요.
가: 아, 휴일에는 보통 카페에 가요?
나: 네. 이번 주말에도 카페에 가서 책을 읽을 거예요.
3) [예시]
가: 유진 씨, 휴일에 뭐 해요?
나: 공원에서 산책을 하거나 배드민턴을 쳐요.
가: 아, 휴일에는 보통 운동을 해요?
나: 네. 이번 주말에도 공원에 가서 친구하고 배드민턴을 칠 거예요.

활동 1 | 3번 | 26쪽

[예시]
가: 안나 씨, 이번 주말에 뭐 할 거예요?
나: 집에서 음식을 만들거나 스포츠 경기를 볼 거예요.
마리 씨는 이번 주말에 뭐 할 거예요?
가: 저는 공원에서 배드민턴을 치거나 자전거를 탈 거예요.

활동 2 | 1번 | 27쪽

1) 안나 씨의 취미는 한국 드라마를 보는 것하고 한국 음악을 듣는 것이에요.
안나 씨는 취미가 같은 친구를 찾고 있어요.
2) [예시]
제 취미는 운동을 하는 것이에요.
저는 휴일에 보통 테니스를 치거나 운동 모임에 가요.

활동 2 | 2번 | 27쪽

[예시]
안녕하세요. 저는 유진이라고 해요.
세종학당에서 한국어를 공부하고 있어요.
저는 휴일에 낚시를 하거나 운동을 해요.
그런데 혼자 취미 생활을 하는 것이 좀 심심해요.
저하고 취미가 같은 친구가 있을까요?
같이 낚시를 하거나 운동을 하고 싶어요.
연락 주세요.

03 I have a work meeting every morning

요즘 아침마다 회의가 있어요

어휘와 표현	1번	31쪽

[예시]

세종학당에 가다

운동을 하다

점심을 먹다

어휘와 표현	2번	31쪽

1) 

학교에 가요. (②)

2) 

일어나요. (①)

3) 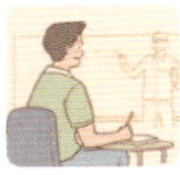

수업을 들어요. (③)

4) 

아르바이트를 해요. (④)

5) 

집에 가요. (⑤)

어휘와 표현	3번	31쪽

[예시]

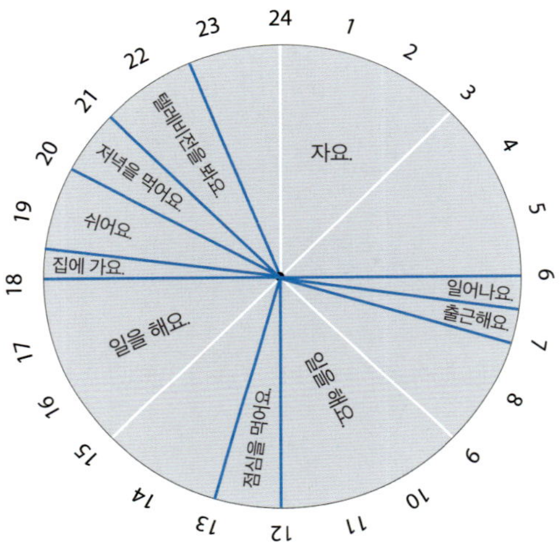

저는 매일 아침 6시쯤 일어나요. 그리고 출근해요. 오전에는 이메일을 읽고 회의를 준비해요. 점심을 먹은 후에 다시 일을 해요. 저녁 6시쯤에 퇴근을 해요. 퇴근을 한 후에는 집에 가서 저녁을 먹어요.

문법 1	1번	32쪽

1) 마다
2) 마다 데이트를
3) 마다 수업을 들어요
4) 마다 세종학당에 가요

문법 1	2번	32쪽

[예시]

가: 저녁마다 무엇을 해요?

나: 집에서 과제를 해요.

문법 2	1번	33쪽

1) 시간이 있을 때
2) 늦었을 때
3) 노래를 하고 싶을 때
4) 먹을 때

문법 2	2번	33쪽

[예시]

1) 커피를 마시고 싶을 때 카페에 가요
2) 시험공부를 해야 할 때 도서관에 가요
3) 운동을 할 때 공원에 가요

활동 1	1번	34쪽

1) 주노 씨는 요즘 아침마다 회의를 해요.
2) 주노 씨와 재민 씨는 저녁에 만날 거예요.

활동 1	2번	34쪽

2) 가: 안나 씨, 오늘 같이 학교에 가요.
   나: 좋아요. 언제 어디에서 만날까요?
   가: 아침 7시쯤에 집 앞에서 만나요.
   나: 네. 그럼 출발할 때 전화 주세요.
3) [예시]
   가: 안나 씨, 오늘 같이 공원에 가요.
   나: 좋아요. 몇 시에 어디에서 만날까요?
   가: 오후 2시쯤에 학교 앞에서 만나요.
   나: 네. 그럼 수업 후에 전화 주세요.

활동 2	1번	35쪽

1) 유진 씨가 미나 씨에게 먼저 문자를 보냈어요.
   발표를 준비해야 해서 문자를 보냈어요.
2) [예시]
   보통 친구에게 문자를 보내요.
   이야기를 하고 싶어서 문자를 보내요.

활동 2	2번	35쪽

[예시]

안녕하세요. 저는 미나 씨와 같은 수업을 듣고 있는 유진이에요. 우리 다음 주에 해야 하는 발표를 어떻게 준비할까요? 저는 수요일, 목요일, 금요일에 시간이 있어요. 미나 씨는 평일에 시간이 있으세요?

04 I'm going to wear jeans and a T-shirt
청바지에다가 티셔츠를 입으려고 해요

어휘와 표현	2번	39쪽

[예시]
장갑을 껴요.
넥타이를 해요.
양말을 신어요.
청바지를 입어요.

어휘와 표현	3번	39쪽

[예시]
저는 지금 와이셔츠하고 정장 바지를 입고 구두를 신었어요.

문법 1	1번	40쪽

1) 만나기로
2) 먹기로
3) 놀기로
4) 보기로

문법 1	2번	40쪽

[예시]
1) 마리 씨하고 점심을 먹기로 했어요.
2) 친구하고 공원에서 운동을 하기로 했어요.
3) 동생하고 영화를 보기로 했어요.
4) 안나 씨하고 여행을 가기로 했어요.

문법 2	1번	41쪽

1) 에다가 블라우스를 입으세요
2) 에다가 목도리를 하세요
3) 에다가 운동화를 신으세요

문법 2	2번	41쪽

1) 티셔츠에다가 반바지를 입고 운동화를 신어요
2) 정장에다가 넥타이를 하고 구두를 신어요
3) 운동복에다가 등산화를 신고 모자를 써요

4) [예시]
가: 친구를 만날 때 뭘 입어요?
나: 티셔츠에다가 청바지를 입고 모자를 써요.

활동 1	1번	42쪽

1) 마리 씨는 다음 주말에 친구들하고 바다에 놀러 가기로 해서 옷을 사요.
2) 마리 씨는 다음 주말에 청바지에다가 티셔츠를 입을 거예요.

활동 1	2번	42쪽

2) 가: 안나 씨, 지금 뭐 해요?
나: 옷을 고르고 있어요.
가: 어디 가요?
나: 네. 친구하고 제주도에 가기로 했어요.
가: 어떤 옷을 입을 거예요?
나: 청바지에다가 운동화를 신고 야구 모자를 쓰려고 해요.

3) [예시]
가: 안나 씨, 지금 뭐 해요?
나: 옷을 고르고 있어요.
가: 어디 가요?
나: 네. 친구하고 공원에 가기로 했어요.
가: 어떤 옷을 입을 거예요?
나: 티셔츠에다가 청바지를 입고 모자를 쓰려고 해요.

활동 1	3번	42쪽

[예시]
저는 원피스를 사고 싶어요. 여행을 가서 사진을 찍을 때 입을 거예요.

활동 2	1번	43쪽

1) 소개팅을 할 때 제일 중요한 것은 '옷'이에요. 다음으로 중요한 것은 '재미있게 이야기하는 것'이에요. 그리고 '같이 가는 장소'도 중요해요.
2) 요즘에는 소개팅을 할 때 편한 옷을 입는 사람이 많아요.

활동 2	2번	43쪽

[예시]
저는 데이트나 소개팅을 할 때 편한 옷을 입어요. 그래서 청바지에다가 티셔츠를 입고 운동화를 신은 남자를 좋아해요.

05 The living room window is big so it offers a good view
거실 창문이 커서 경치를 구경하기가 좋아요

어휘와 표현	2번	47쪽

1) ① 2) ④ 3) ② 4) ③

어휘와 표현 | 3번 | 47쪽

[예시]
가: 마리 씨는 어떤 집이 좋아요?
나: 저는 회사하고 가까운 집이 좋아요.
그리고 밝고 깨끗한 집이 좋아요.

문법 1 | 1번 | 48쪽

1) 요리하기가
2) 선물하기가
3) 읽기가
4) 입기가

문법 1 | 2번 | 48쪽

2) 가: 안나 씨 집이 어때요?
나: 짐이 많아서 청소하기 안 좋아요.
3) 가: 재민 씨 집이 어때요?
나: 회사하고 가까워서 출퇴근하기 좋아요.
4) [예시]
가: 어제 날씨가 어땠어요?
나: 따뜻해서 산책하기 좋았어요.
5) [예시]
가: 새집이 어때요?
나: 작지만 밝아서 살기 좋아요.

문법 2 | 1번 | 49쪽

1) 버리지 못해요
2) 지저분하지 않아요
3) 어둡지 않아요

문법 2 | 2번 | 49쪽

[예시]
2) 가: 재민 씨는 뭘 안 먹어요?
나: 저는 생선을 싫어해서 전혀 먹지 않아요.
3) 가: 주노 씨는 뭘 못 먹어요?
나: 저는 매운 음식을 먹을 때마다 배가 너무 아파요. 그래서 매운 음식을 전혀 먹지 못해요.
4) 가: 리사 씨는 뭘 안 먹어요?
나: 저는 우유를 싫어해요. 그래서 우유를 전혀 먹지 않아요.

활동 1 | 1번 | 50쪽

1) 주노 씨는 어제 이사했어요. 짐이 많아서 좀 힘들었지만 잘 끝냈어요.
2) 주노 씨 새집은 넓지 않지만 거실 창문이 커서 경치를 구경하기가 좋아요.

활동 1 | 2번 | 50쪽

2) 가: 오늘 날씨가 어때요?
나: 맑고 시원해서 산책하기 좋아요.
가: 산책을 자주 해요?
나: 아니요. 산책을 자주 하지 않아요.
3) [예시]
가: 교실이 어때요?
나: 조용해서 공부하기 좋아요.
가: 교실이 넓어요?
나: 아니요. 넓지 않아요.

활동 2 | 1번 | 51쪽

1) 미나 씨 가족의 새집은 넓고 경치를 구경하기 좋아요.
2) [예시]
저는 창문이 크고 밝은 집에서 살고 싶어요.

활동 2 | 2번 | 51쪽

[예시]
우리 집을 소개해요.
저는 주택에 살아요.
우리 집은 세종학당 앞에 있어요.
우리 집은 조금 넓어요. 방이 두 개고 화장실이 한 개 있어요.
그리고 집 근처에 공원이 있어서 산책하기 좋아요.

06 I listen to music while drinking coffee
커피를 마시면서 음악을 들어요

어휘와 표현 | 2번 | 55쪽

[예시]
소파 위에 인형이 놓여 있어요.
벽에 포스터가 걸려 있어요.

어휘와 표현 | 3번 | 55쪽

[예시]
방에 테이블이 놓여 있어요.
그리고 테이블 위에 책이 놓여 있어요.

문법 1 | 1번 | 56쪽

1) 이야기하면서
2) 먹으면서
3) 들으면서
4) 게임을 하면서

문법 1	2번	56쪽

[예시]
기타를 치면서 노래를 해요.
여행을 다니면서 사진을 찍어요.
인터넷을 보면서 요리를 배워요.

문법 2	1번	57쪽

1) 보지요 2) 멋있지요
3) 했지요 4) 회사원이지요

문법 2	2번	57쪽

[예시]
내가 아는 것: 한국 여름은 아주 더워요.
질문: 선생님, 한국 여름은 아주 덥지요?

활동 1	1번	58쪽

1) 주노 씨는 쉬고 싶을 때마다 카페에 가요.
2) 주노 씨는 카페에서 보통 커피를 마시면서 음악을 들어요. 가끔 여기저기 놓여 있는 잡지도 읽어요.

활동 1	2번	58쪽

2) 가: 재민 씨는 어디에 자주 가요?
나: 저는 심심할 때마다 미술관에 가요.
가: 미술관에서 뭐 해요?
나: 좋아하는 음악을 들으면서 그림을 봐요.
3) [예시]
가: 재민 씨는 어디에 자주 가요?
나: 저는 주말마다 도서관에 가요.
가: 도서관에서 뭐 해요?
나: 음악을 들으면서 책을 읽어요.

활동 2	1번	59쪽

1) 소피 씨는 시간이 있을 때마다 한강공원에 가요.
한강공원에서 보통 음악을 들으면서 산책해요.
가끔 자전거를 타고 라면도 먹어요.
2) [예시]
저는 백화점을 좋아해요. 저는 백화점에서 쇼핑을 하고 밥도 먹어요.

활동 2	2번	59쪽

[예시]
저는 친구를 만날 때마다 쇼핑몰에 가요. 쇼핑몰은 넓고 깨끗해요. 친구하고 쇼핑몰에 가면 보통 옷을 구경해요. 가끔 쇼핑몰에 있는 영화관에서 영화도 봐요. 영화를 본 후에 친구와 영화 이야기를 하면 정말 재미있어요. 어때요? 여러분도 가고 싶지요?
여러분도 시간이 있을 때 쇼핑몰에 가세요. 정말 재미있을 거예요.

07 When I'm stressed out, my chest feels stuffy
스트레스를 받으면 가슴이 답답해요

어휘와 표현	2번	63쪽

1) 잠이 안 와서
2) 가슴이 답답해요

어휘와 표현	3번	63쪽

[예시]
저는 시험이 있을 때 스트레스를 받아요.
그럼 얼굴에 뭐가 나요.

문법 1	1번	64쪽

1) 먹으면 2) 아프면
3) 추우면 4) 있으면

문법 1	2번	64쪽

[예시]
1) 가: 한국에 가면 뭐 할 거예요?
나: 한국에 가면 한국 음식을 먹을 거예요.
2) 가: 좋아하는 배우나 가수를 만나면 뭐 할 거예요?
나: 좋아하는 배우나 가수를 만나면 같이 사진을 찍을 거예요.
3) 가: 돈이 많으면 뭐 할 거예요?
나: 돈이 많으면 큰 집을 살 거예요.
4) 가: 남자 친구를 만나면 뭐 할 거예요?
나: 남자 친구를 만나면 영화를 볼 거예요.

문법 2	1번	65쪽

1) 나았어요 2) 지었어요
3) 저었어요 4) 부었어요

문법 2	2번	65쪽

[예시]
1) ②
가: 고양이 이름을 어떻게 지을 거예요?
나: 나비라고 지을 거예요.
③
가: 아기 이름을 어떻게 지을 거예요?
나: 히엔이라고 지을 거예요.
2) ②

가: 어떻게 하면 감기가 빨리 나아요?
나: 약을 먹으면 감기가 빨리 나을 거예요.
③
가: 어떻게 하면 감기가 빨리 나아요?
나: 푹 쉬면 감기가 빨리 나을 거예요.

활동 1	1번	66쪽

1) 유진 씨는 어제 바빠서 저녁을 못 먹었어요. 그래서 어젯밤에 라면을 먹었어요.
2) 유진 씨는 스트레스를 받으면 가슴이 답답해요. 그리고 자꾸 매운 음식이 먹고 싶어요.

활동 1	2번	66쪽

2) 가: 요즘 과제가 많아서 너무 힘들어요.
   나: 과제가 많으면 스트레스를 많이 받지요?
   가: 네. 스트레스 받아서 속이 안 좋아요. 마리 씨는 이럴 때 어떻게 해요?
   나: 저는 속이 안 좋으면 약을 먹고 쉬어요.
3) [예시]
   가: 요즘 시험이 있어서 너무 힘들어요.
   나: 시험이 있으면 스트레스를 많이 받지요?
   가: 네. 스트레스 받아서 잠이 안 와요. 마리 씨는 이럴 때 어떻게 해요?
   나: 저는 잠이 안 오면 따뜻한 우유를 마셔요.

활동 2	1번	67쪽

1) 안나 씨는 다음 주에 중요한 시험이 있어서 요즘 스트레스를 받아요.
2) [예시]
   저는 일이 많을 때 스트레스를 받아요. 스트레스를 받을 때 매운 음식을 먹으면 괜찮아요.

활동 2	2번	67쪽

[예시]
여러분은 언제 스트레스를 많이 받습니까? 저는 다음 주에 회사에서 발표를 해야 해서 요즘 스트레스를 많이 받습니다. 일을 하는 것은 재미있지만 발표하는 것은 어려워서 가끔 힘들 때가 있습니다. 저는 발표가 있으면 항상 스트레스를 받습니다. 스트레스를 받으면 가슴이 답답하고 얼굴에 뭐가 납니다. 그럴 때는 친구를 만나서 이야기하면 좀 괜찮습니다.

08 If you have trouble sleeping, try light exercise
잠이 안 오면 가벼운 운동을 해 보세요

어휘와 표현	2번	71쪽

1) 2) 3) 4)

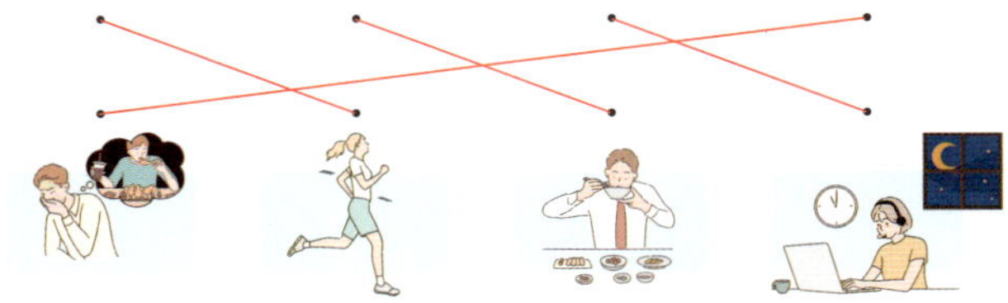

어휘와 표현	3번	71쪽

[예시]
저는 매일 책을 읽고 싶어요. /
저는 일찍 자고 일찍 일어나고 싶어요. /
손을 잘 씻는 습관이 있으면 좋을 것 같아요.

문법 1	1번	72쪽

1) 오는데 2) 읽는데
3) 심심한데 4) 좋은데

문법 1	2번	72쪽

1) 공부를 하는데 친구가 왔어요
2) 요즘 요리를 배우고 있는데 재미있어요
3) 어제 영화를 봤는데 영화가 무서웠어요
4) [예시]
   세종학당에 가는데 비가 왔어요.

문법 2	1번	73쪽

1) 해 보세요 2) 입어 보세요
3) 들어 보세요 4) 써 보세요

문법 2	2번	73쪽

[예시]
2) 한국 소설이 재미있는데 한번 읽어 보세요.
3) 하나식당이 가까운데 한번 가 보세요.
4) 케이팝(K-POP)이 좋은데 한번 들어 보세요.
5) [예시]
   티셔츠가 예쁜데 한번 입어 보세요.

활동 1	1번	74쪽

1) 마리 씨는 어제 잠을 잘 못 자서 피곤해요.
2) 재민 씨는 낮에 가벼운 운동을 하는 방법을 추천했어요.

활동 1 | 2번 | 74쪽

2) 가: 안나 씨, 저 요즘 일찍 자고 일찍 일어나는데 뭘 더 하면 건강에 좋을까요?
   나: 음…. 가벼운 운동을 해 보세요. 그리고 야식을 먹지 않는 게 좋아요.
   가: 좋은 방법인데 매일 그렇게 할 수 있을까요?
   나: 쉽지 않을 거예요. 하지만 이렇게 하면 건강하게 살 수 있을 거예요.
3) 가: 안나 씨, 저 요즘 요가를 하는데 뭘 더 하면 건강에 좋을까요?
   나: 음…. 채소를 많이 먹어 보세요. 그리고 좋아하는 음식만 먹지 않는 게 좋아요.
   가: 좋은 방법인데 매일 그렇게 할 수 있을까요?
   나: 쉽지 않을 거예요. 하지만 이렇게 하면 건강하게 살 수 있을 거예요.
4) [예시]
   가: 안나 씨, 저 요즘 야식을 안 먹는데 뭘 더 하면 건강에 좋을까요?
   나: 음…. 가벼운 운동을 해 보세요. 그리고 늦게까지 게임을 하지 않는 게 좋아요.
   가: 좋은 방법인데 매일 그렇게 할 수 있을까요?
   나: 쉽지 않을 거예요. 하지만 이렇게 하면 건강하게 살 수 있을 거예요.

활동 2 | 1번 | 75쪽

1) 유진 씨가 고치고 싶어 하는 습관은 늦게 자고 늦게 일어나는 것이에요. 늦게 자서 피곤하고 가끔 지각도 해서 그 습관을 고치고 싶어요.
2) [예시]
   저는 밤에 야식을 먹는 습관을 고치고 싶어요. /
   저는 짜증을 잘 내는 습관을 고치고 싶어요. /
   저는 컴퓨터를 오래 하는 습관을 고치고 싶어요.

활동 2 | 2번 | 75쪽

[예시]
- 고치고 싶은 습관: 저는 밤에 야식을 먹는 습관을 고치고 싶어요.
- 어떻게 하면 고칠 수 있어요?
  1) 일찍 자 보세요.
  2) 배가 고플 때 채소를 먹어 보세요.
  3) 따뜻한 우유를 마셔 보세요.

09 Why don't we eat kalguksu?

그럼 칼국수를 먹는 게 어때요?

어휘와 표현 | 2번 | 79쪽

1) ①　2) ③　3) ⑤
4) ②　5) ④

어휘와 표현 | 3번 | 79쪽

[예시]
가: 주문하시겠어요?
나: 네. 칼국수 하나 주세요.

문법 1 | 1번 | 80쪽

1) 비싼 것 같아요
2) 늦을 것 같아요
3) 더울 것 같아요
4) 알 것 같아요

문법 1 | 2번 | 80쪽

1) ①　2) ③　3) ②

문법 1 | 3번 | 80쪽

[예시]
가: 이 불고기가 어떨까요?
나: 맛있을 것 같아요.

문법 2 | 1번 | 81쪽

1) 먹는 게 어때요
2) 시키는 게 어때요
3) 가는 게 어때요

문법 2 | 2번 | 81쪽

[예시]
2) 가: 음식이 너무 짜요.
   나: 그럼 물을 좀 넣는 게 어때요?
3) 가: 한국어가 어려워요.
   나: 그럼 한국 드라마를 보는 게 어때요?
4) 가: 배가 고파요.
   나: 그럼 같이 식당에 가는 게 어때요?

활동 1 | 1번 | 82쪽

1) 재민 씨는 김치찌개를 먹을 거예요.
2) 마리 씨는 안 매운 음식이 먹고 싶어서 칼국수를 먹으려고 해요.

활동 1 | 2번 | 82쪽

2) 가: 뭐 주문할 거예요? 정했어요?
   나: 네. 저는 스파게티로 정했어요. 민호 씨는요?
   가: 저도 스파게티가 괜찮을 것 같아요.
   나: 그럼 민호 씨도 스파게티를 주문하는 게 어때요? 여기 스파게티가 아주 맛있어요.

3) [예시]

가: 뭐 주문할 거예요? 정했어요?

나: 네. 저는 순두부찌개로 정했어요. 민호 씨는요?

가: 저도 순두부찌개가 맛있을 것 같아요.

나: 그럼 민호 씨도 순두부찌개를 주문하는 게 어때요? 여기 순두부찌개가 아주 맛있어요.

활동 2	1번	83쪽

1) 이 사람은 요즘 회사 일이 바빠서 직접 요리를 하지 않고 식당에서 밥을 사 먹어요.
2) 이 사람은 이번 주말에 세종학당 친구들과 같이 한국 음식을 먹기로 했어요.

활동 2	2번	83쪽

[예시]

저는 한국 음식을 자주 먹습니다. 한국 음식을 먹을 때는 한국 식당에 가서 먹거나 전화로 주문합니다. 제일 좋아하는 한국 음식은 불고기입니다. 불고기는 맵지 않고 맛있습니다.

10 What about those black shoes?

그럼 저 까만 구두는 어때요?

어휘와 표현	3번	87쪽

[예시]

이 핸드폰은 크기가 작고 디자인이 예뻐요. 그리고 가격이 적당해요.

문법 1	1번	88쪽

1) 까만　　2) 빨간　　3) 파란

문법 1	2번	88쪽

[예시]

2) 마리 씨 우산이 파란색이에요.
   마리 씨 우산이 파래요.
3) 유진 씨 티셔츠가 노란색이에요.
   유진 씨 티셔츠가 노래요.
4) 마리 씨 신발이 까만색이에요.
   마리 씨 신발이 까매요.
5) 유진 씨 필통이 하얀색이에요.
   유진 씨 필통이 하얘요.

문법 2	1번	89쪽

1) 싸면 좋겠어요
2) 길면 좋겠어요
3) 단순하면 좋겠어요

문법 2	2번	89쪽

1) 가까우면 좋겠어요
2) 열면 좋겠어요
3) 들으면 좋겠어요
4) [예시]
   가: 지금 커피를 마시고 싶어요?
   나: 아니요. 주스를 마시면 좋겠어요.

활동 1	1번	90쪽

1) 마리 씨는 노란색을 좋아해요.
2) 마리 씨는 정장에 어울리는 신발을 찾아요.

활동 1	2번	90쪽

2) 가: 이 가게에 좋은 물건이 많죠?
   나: 네. 여기에서 새 운동화를 하나 사면 좋겠어요.
   가: 어떤 운동화를 사고 싶어요?
   나: 가격이 싸고 까만 운동화요.
3) [예시]
   가: 이 가게에 좋은 물건이 많죠?
   나: 네. 여기에서 새 핸드폰을 하나 사면 좋겠어요.
   가: 어떤 핸드폰을 사고 싶어요?
   나: 크기가 작고 디자인이 예쁜 핸드폰요.

활동 1	3번	90쪽

[예시]

지금 사고 싶은 물건은 가방이에요. 가방은 쇼핑몰에서 살 수 있어요. 크기가 크고 빨간색인 가방이 좋아요.

활동 2	1번	91쪽

1) 지금 공책을 구경하고 있어요.
2) 세종문방구에서 제일 싼 물건을 살 수 있어요.

활동 2	2번	91쪽

[예시]

1) 자주 사는 물건: 양말
2) 보통 그 물건을 사는 곳: 쇼핑몰
3) 물건을 살 때 확인하는 것
   ① 가격　　② 크기　　③ 디자인

제가 자주 사는 물건은 양말이에요. 보통 쇼핑몰에서 양말을 사요. 양말을 살 때 가격, 크기, 디자인을 확인해요.

11 Have you ever traveled to South Korea?
한국을 여행한 적이 있어요?

어휘와 표현 | 2번 | 95쪽

1) 2) 3) 4)

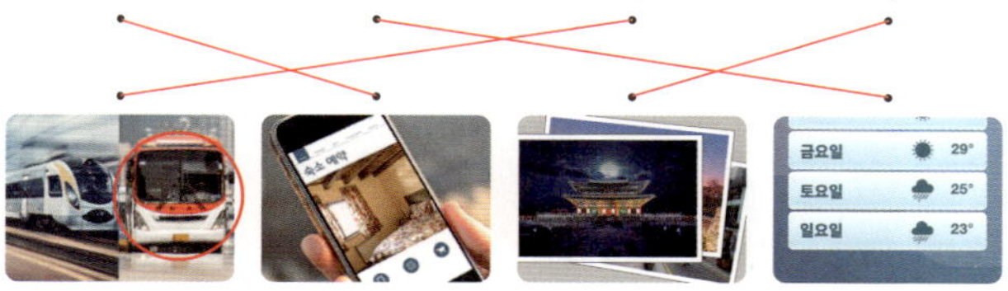

어휘와 표현 | 3번 | 95쪽

[예시]
저는 여행 가는 나라의 전통 음식을 알아봐요. /
저는 여행 가는 나라의 맛집을 예약해요. /
저는 여행 가는 나라의 역사를 찾아봐요.

문법 1 | 1번 | 96쪽

1) 간 적이 있어요 2) 먹은 적이 있어요
3) 산 적이 있어요 4) 들은 적이 있어요

문법 1 | 2번 | 96쪽

[예시]
2) 가: 한국 음식을 만든 적이 있어요?
나: 아니요. 저는 한국 음식을 만든 적이 없어요.
가: 무슨 음식을 만들어 보고 싶어요?
나: 불고기를 만들어 보고 싶어요.
3) 가: 지갑을 잃어버린 적이 있어요?
나: 네. 저는 지갑을 잃어버린 적이 있어요.
가: 언제 지갑을 잃어버렸어요?
나: 작년에 지갑을 잃어버렸어요.

문법 2 | 1번 | 97쪽

1) 2시간 동안 2) 5일 동안
3) 10주 동안 4) 휴가 동안

문법 2 | 2번 | 97쪽

1) 가: 몇 시간 동안 물만 마신 적이 있어요?
나: 네. 8시간 동안 물만 마신 적이 있어요.
가: 왜 물만 마셨어요?
나: 배가 아파서 물만 마셨어요.
2) 가: 며칠 동안 안 잔 적이 있어요?
나: 네. 2일 동안 안 잔 적이 있어요.
가: 왜 안 잤어요?
나: 시험이 있어서 안 잤어요.
3) 가: 몇 시간 동안 컴퓨터 게임만 해 본 적이 있어요?
나: 아니요. 저는 컴퓨터 게임을 하지 않아요.
4) [예시]
가: 몇 시간 동안 자전거를 탄 적이 있어요?
나: 아니요. 저는 자전거를 못 타요.

활동 1 | 1번 | 98쪽

1) 안나 씨는 방학 동안 친구와 한국에 갈 거예요.
2) 주노 씨는 안나 씨에게 엔 서울 타워를 추천했어요.
경치가 아주 좋아서 추천했어요.

활동 1 | 2번 | 98쪽

2) 가: 주노 씨, 휴가 동안 뭐 할 거예요?
나: 친구와 태국에 갈 거예요. 마리 씨도 태국을 여행한 적이 있죠?
가: 네. 2년 전에 태국에 갔다 왔는데 정말 좋았어요. 숙소는 예약했어요?
나: 네. 지금은 교통편과 맛집을 알아보고 있어요.
3) [예시]
가: 주노 씨, 휴가 동안 뭐 할 거예요?
나: 친구와 태국에 갈 거예요. 마리 씨도 태국을 여행한 적이 있죠?
가: 네. 2년 전에 태국에 갔다 왔는데 정말 좋았어요. 날씨는 알아봤어요?
나: 네. 지금은 유명한 여행지와 교통편을 알아보고 있어요.

활동 2 | 1번 | 99쪽

1) 안나 씨는 한국에서 5일 동안 여행을 할 거예요.
홍대, 동대문시장, 청계천, 명동, 엔 서울 타워, 경복궁, 광화문, 인사동, 북촌 한옥마을, 국립중앙박물관에 갈 거예요.
2) [예시]
부산을 여행하고 싶어요. 히엔 씨가 부산에 간 적이 있어요.

활동 2 | 2번 | 99쪽

[예시]
부산 여행 계획

날짜: 12월 15일~12월 17일

날짜	1일: 부산 도착	2일	3일: 집으로 출발
날씨			
여행지	부산역, 자갈치시장	해운대	BIFF 광장
숙소	부산 호텔	부산 호텔	부산 호텔
교통편	기차, 버스	지하철	지하철, 기차

저는 이번 방학 동안 부산으로 여행 가려고 해요.
계획을 이렇게 세웠는데 어때요?
주노: 해운대하고 광안리가 가까워요. 광안리도 가 보세요.

12 I made a stamp at a museum

박물관에서 도장을 만들어 봤어요

어휘와 표현	4번	103쪽

[예시]
저는 맛집에 꼭 가요. /
저는 꼭 좋은 호텔에서 자요. /
저는 기념품을 모아요.

문법 1	1번	104쪽

1) 먹어 봤어요
2) 들어 봤어요
3) 써 봤어요
4) 만들어 봤어요

문법 1	2번	104쪽

[예시]
1) 가: 혼자 여행을 해 봤어요?
   나: 네. 해 봤어요.
   가: 어디를 혼자 여행해 봤어요?
   나: 한국을 혼자 여행해 봤어요.
2) 가: 번지 점프를 해 봤어요?
   나: 네. 번지 점프를 해 봤어요.
   가: 어디에서 번지 점프를 해 봤어요?
   나: 한국에서 번지 점프를 해 봤어요.
3) 가: 한국 책을 읽어 봤어요?
   나: 아니요. 한국 책을 안 읽어 봤어요.
   가: 읽고 싶은 한국 책이 있어요?
   나: 한국 소설을 읽어 보고 싶어요.
4) [예시]
   가: 한국 음식을 먹어 봤어요?
   나: 아니요. 한국 음식을 안 먹어 봤어요.
   가: 먹어 보고 싶은 한국 음식이 있어요?
   나: 불고기를 먹어 보고 싶어요.

문법 2	1번	105쪽

1) 본
2) 찍은
3) 들은
4) 만든

문법 2	2번	105쪽

[예시]
2) 가: 지난 토요일에 누구를 만났어요?
   나: 지난 토요일에 만난 사람은 재민 씨예요.
3) 가: 주말에 무슨 운동을 했어요?
   나: 주말에 한 운동은 테니스예요.
4) 가: 어제 무슨 드라마를 봤어요?
   나: 어제 본 드라마는 한국 드라마예요.
5) 가: 지난주에 무슨 음식을 만들었어요?
   나: 지난주에 만든 음식은 비빔밥이에요.

활동 1	1번	106쪽

1) 안나 씨는 한국에서 엔 서울 타워에 가 봤어요. 그리고 한국 전통 음식도 먹고 박물관에도 가 봤어요. 박물관에서 도장을 만들어 봤어요.
2) 박물관에서 한국의 역사를 알 수 있어서 좋았어요.

활동 1	2번	106쪽

2) 가: 유진 씨, 태국 여행은 어땠어요? 쉬기에 좋았죠?
   나: 네. 너무 좋았어요. 특히 짜오프라야강에서 본 야경이 아주 아름다웠어요.
   가: 짜오프라야강도 가고 또 뭘 했어요?
   나: 기념품도 많이 사고 멋있는 카페에도 가 봤어요.
3) 가: 유진 씨, 한국 여행은 어땠어요? 경치가 아름다웠죠?
   나: 네. 너무 좋았어요. 특히 제주도에서 본 바다가 아주 아름다웠어요.
   가: 제주도도 가고 또 뭘 했어요?
   나: 기념품도 많이 사고 멋있는 카페에도 가 봤어요.
4) [예시]
   가: 유진 씨, 중국 여행은 어땠어요? 좋은 여행지가 많았죠?
   나: 네. 너무 좋았어요. 특히 만리장성에서 본 경치가 아주 아름다웠어요.
   가: 만리장성도 가고 또 뭘 했어요?
   나: 기념품도 많이 사고 멋있는 카페에도 가 봤어요.

활동 2	1번	107쪽

1) 안나 씨는 한국에서 쇼핑도 하고 맛있는 음식도 많이 먹었어요. 그리고 엔 서울 타워에도 갔어요.
2) [예시]
   저는 일본을 여행해 봤어요. 경치가 아름답고 여행지가 깨끗해서 좋았어요.

활동 2	2번	107쪽

[예시]
저는 일본을 3일 동안 여행해 봤어요. 일본은 경치가 아름답고 여행지가 깨끗해서 좋았어요. 일본에서 도쿄타워를 구경하고 기념품을 샀어요. 예쁜 카페도 많이 있어서 친구하고 커피를 많이 마셨어요. 시간이 있으면 일본에 또 여행 가고 싶어요.

Vocabulary Index

(in Korean alphabetical order)

2A

Vocabulary Index

(in English alphabetical order)

2A

Credits

2A

※ 이 교재는 산돌폰트 외 Ryu 고운한글돋움OTF, Ryu 고운한글바탕OTF 등을 사용하여 제작되었습니다. Ryu 고운한글돋움OTF, Ryu 고운한글바탕OTF 서체는 서체 디자이너 류양희 님에게서 제공 받았습니다.

※ 강승희, 곽명주, 박가을, 이재영, 정원교 작가와 함께 작업했습니다.

| 게티이미지코리아 |

1과 14쪽_(하, 좌로부터)② 4과 38쪽_(상, 좌로부터)①, (하, 좌로부터)② 5과 51쪽_1번 (좌로부터)두번째 집 11과 95쪽_1번 (상, 좌로부터)①, 2번 1)우 11과 98쪽_1번 상 12과 103쪽_1번 (하, 좌로부터)②, 2번 (상, 좌로부터)③, (하, 좌로부터)②; 107쪽_1번 (좌로부터)③

| 셔터스톡 |

스피커 아이콘

말풍선

연필 아이콘

1과 13쪽; 14쪽_상, (하, 좌로부터)①; 15쪽; 16쪽_상좌, 1번, 2번; 17쪽_상, 1번 1)/2)/3)/4), 2번; 18쪽_1번; 19쪽_1번 우하; 20쪽 2과 22쪽_상; 23쪽_1번, 2번 (보기)좌, 3번; 24쪽_상, 2번; 25쪽; 26쪽; 27쪽; 28쪽 3과 29쪽; 30쪽; 31쪽_1번; 32쪽; 33쪽; 34쪽; 35쪽; 36쪽 4과 37쪽; 38쪽_(상, 좌로부터)②, (하, 좌로부터)①; 39쪽; 40쪽_2번; 41쪽_2번; 42쪽; 43쪽; 44쪽 5과 45쪽; 46쪽; 47쪽_1번, 2번, 3번 (보기)우; 48쪽_2번; 50쪽; 51쪽; 52쪽 6과 54쪽; 55쪽; 56쪽_상, 1번 (보기), 2번; 57쪽_2번; 58쪽; 59쪽; 60쪽 7과 61쪽; 62쪽; 63쪽; 64쪽_2번; 65쪽; 68쪽 8과 70쪽; 71쪽; 72쪽_상, 2번 (보기); 73쪽; 74쪽; 75쪽; 76쪽 9과 77쪽; 78쪽; 79쪽_1번, 3번; 80쪽_1번, 2번, 3번; 81쪽_상좌, 1번; 82쪽; 83쪽; 84쪽 10과 86쪽; 87쪽; 88쪽; 89쪽_1번, 2번; 90쪽; 91쪽; 92쪽 11과 93쪽; 94쪽; 95쪽_1번 (상, 좌로부터)②/③/④, 중, 하, 2번 1)좌/2)/3)/4); 96쪽_2번; 97쪽_상우, 2번; 99쪽; 100쪽 12과 102쪽; 103쪽_1번 상, (하, 좌로부터)①, 2번 (상, 좌로부터)①/②, (하, 좌로부터)①; 104쪽_상우, 2번; 105쪽_2번; 107쪽_1번 (좌로부터)①/②; 108쪽 부록 109쪽, 130쪽, 131쪽

| 기타 |

1과 17쪽, 19쪽_미국 거점 세종학당 교실 사진 (세종학당재단 제공)
2과 22쪽_'성별 및 연령집단별 평일과 휴일 여가시간' (문화체육관광부, 〈국민여가활동조사보고서〉)
5과 46쪽_'2020년도 주거실태조사 주요결과 분석' (국토교통부, 〈2020년도 주거실태조사 일반가구 연구보고서〉)
11과 94쪽_'한국 방문 선택 시 고려 요인' (한국관광공사, 〈결과보고서_2019_외래관광객조사_210223〉)

MEMO

ㄱㄴㄷ

Sejong Korean 2A

Ministry of Culture, Sports and Tourism
National Institute of Korean Language

154 Geumnanghwa-ro, Gangseo-gu
Seoul, 07511, Rep. of Korea
Tel. +82 (0)2-2669-9775
Fax. +82 (0)2-2669-9727
www.korean.go.kr

PROJECT MANAGERS	Park Miyoung	National Institute of Korean Language
	Jo Eun	National Institute of Korean Language
LEAD AUTHOR	Lee Jung Hee	Institute of International Education Kyung Hee University
CO-AUTHORS	Lee Sumi	University College Sungkyunkwan University
	Han Yunjung	K-Culture•Story Contents Research Institute Kyung Hee University
	Shin Beomsuk	Language Education Institute Seoul National University
	Min Youmi	Language Education Institute Seoul National University
	Yun Seyun	Institute of International Education Kyung Hee University
ASSISTANT AUTHORS	Kim Yeon Hee	Department of Korean Language and Literature Kyung Hee University
	Hong Se Hwa	Department of Korean Language and Literature Kyung Hee University
	Jeong Seong Ho	Department of Korean Language and Literature Kyung Hee University
	Seo Yoo Ri	Department of Korean Language and Literature Kyung Hee University
REVIEWER OF ENGLISH TRANSLATION	Danielle O. Pyun	Department of East Asian Languages & Literatures The Ohio State University

KONG & PARK

85 Gwangnaru-ro 56-gil, Gwangjin-gu
Seoul, 05116, Rep. of Korea
Tel. +82 (0)2-565-1531
Fax. +82 (0)2-6499-1801
www.kongnpark.com

PUBLISHER	Director	Kong Kyung Yong
	Editors	Lee Eugene, Kim Saehoon, Lee Jindeok, Yeo Inyeong, Kim Ryunghee, Sung Soojung, Choi Eunjung, Ham Soyeon
	Copy Editors	Sung A. Jung, Paulina Zolta, Kassandra Lefrancois-Brossard
	Graphic Designers	Oh Jinkyung, Seo Euna, Lee Jongwoo, Lee Seunghee
	Illustrators	Kang Seunghee, Kwak Myeongju, Park Gaeul, Lee Jaeyoung, Chung Wonkyo
	Management / Production	Gong Il-Seog, Choi Jinho
	Technical Manager	Son Dae-Chul
	Marketing Manager	Yoon Sungho

Back | Map of Korea

© National Geographic Information Institute

MAP LEGEND
International Boundary
Secondary Boundary State, Provincial, etc.
Demarcation Line
Expressway
Primary Road
High-speed Railway
Railway
International Airport
Lighthouse
POPULATED PLACES
(Persons)
Over 3,000,000
1,000,000~3,000,000
500,000~1,000,000
100,000~500,000
10,000~100,000
Under 10,000
CAPITAL
123°
125°
127°
129°
131°
42°
40°
38°
36°
34°
EAST SEA
YELLOW SEA
Korea Bay
KOREA STRAIT
Jeju Strait
Donghanman
Seohanman
Gyeonggiman
Yeongilman
Vladivostok
Zaliv Petra Velikovo
Nakhodka
Liaoyang
Benxi
ANSHAN
Tonghua
Dandong
Sinuiju
Kuanding
Fengcheng
Donggang
Xiuyan
Liuhe
Meihekou
Dongfeng
Huinan
Panshi
Huadian
Liaoyuan
Baishan
Linjiang
Fusong
Jingyu
Baishan
Helong
Longjing
Antu
Yanji
Tumen
Hunchun
Kraskino
Naseon(Najin)
Hoeryeong
Musan
Buryeong
Cheongjin
Gyeongseong
Eorang
Hwaseong (Myeonggan)
Myeongcheon
Gilju
Hwadae
Gimchaek (Seongjin)
Dancheon
Iwon
Bukcheong
Sinpo
Hamheung
Hongwon
Mayangdo
HAMGYEONGBUK-DO
HAMGYEONGNAM-DO
YANGGANG-DO
JAGANG-DO
PYEONGANBUK-DO
PYEONGANNAM-DO
HWANGHAEBUK-DO
HWANGHAENAM-DO
GANGWON-DO
GYEONGGI-DO
CHUNGCHEONGBUK-DO
CHUNGCHEONGNAM-DO
GYEONGSANGBUK-DO
GYEONGSANGNAM-DO
JEOLLABUK-DO
JEOLLANAM-DO
JEJU SPECIAL SELF-GOVERNING PROVINCE
Samjiyeon
Hyesan
Kanggye
Manpo
Ji'an
Chosan
Huicheon
Jeongju
Anju
Sinmido
Nampo
PYEONGYANG
Wonsan
Hodobando(Pen.)
Tongcheon
Goseong
Sokcho
Yangyang
Gangneung
Donghae
Samcheok
Uljin
Ulleungdo
Ulleung
Dokdo
Haeju
Ongjin
Gaeseong
Baengnyeongdo
Daecheongdo
Yeonpyeongdo
Ganghwa
SEOUL
INCHEON
Ansan
SUWON
Yongin
Osan
Cheonan
Chuncheon
Wonju
Chungju
Andong
Yeongju
SEJONG
Cheongju
DAEJEON
Gumi
DAEGU
Pohang
Gyeongju
ULSAN
BUSAN
CHANGWON
Gimhae
Jinju
Tongyeong
Geoje
Gunsan
Jeonju
Iksan
Gochang
GWANGJU
Mokpo
Naju
Suncheon
Yeosu
Gwangyang
Haenam
Wando
Heuksando
Daeheuksando
Hongdo
Chujado
Gageodo
Gageocho Ocean Research Station (Korea)
Jeju
Hallasan
Seogwipo
Seongsan
Marado
Tsushima
Izuhara
Iki-Shima
KITAKYUSHU
FUKUOKA
Shimonoseki
Yamaguchi
Hagi
Kurume
Saga
Sasebo
Oita
Beppu
Hamada
Mi-shima